Hermann Fritz Block

Wir pflanzen eine Laube

Bauen mit lebenden Gehölzen

Alle Angaben und Arbeitsanleitungen in diesem Buch wurden nach bestem Wissen und Gewissen zusammengestellt, eine Gewähr für die Richtigkeit wird jedoch nicht übernommen. Infolgedessen lassen sich für die praktische Umsetzung des hier Dargestellten keine Haftungsansprüche gegenüber dem Autor oder dem Verlag ableiten.

Bibliografische Information der Deutschen Nationalbibliothek

Die Deutsche Nationalbibliothek verzeichnet diese Publikation in der Deutschen Nationalbibliografie; detaillierte bibliografische Angaben sind im Internet unter http://dnb.d-nb.de abrufbar.

ISBN 978-3-936896-33-6

4. Auflage 2024
© ökobuch Verlag GmbH,
 Königstr. 43, 26180 Rastede
 E-Mail: verlag@oekobuch.de
 http://www.oekobuch.de

Printed in the European Union.

Inhalt

Die Zeit ist reif ...

.... für eine Idee, die so alt wie die Menschheit und doch taufrisch ist. Diese Idee, die in Vergessenheit geraten war, stößt nun wieder auf wachsendes Interesse weltweit.

Vor allem in Europa, Amerika, Israel und Australien findet das Bauen mit lebenden Gehölzen zunehmend Beachtung. Neue Forschungsgebiete wie die Baubotanik und Begriffe wie Biotektur und Arborskulptur sind entstanden und zeugen von einem gesteigerten Interesse an dieser für uns neuen und doch schon alten Art der Verwendung von Gehölzen.

So wurden beispielsweise zur Weltausstellung 2005 in Tokio unter dem Motto „Von der Weisheit der Natur lernen" lebende Gehölzskulpturen und gewachsene Gebrauchsmöbel ausgestellt und Bilder von Naturbauten außerhalb des Expo-Geländes vorgeführt.

Die Fähigkeit von Pflanzen, sich untereinander zu verbinden, zu verwachsen und dabei eine unzertrennliche Einheit einzugehen, nennt Wiechula 1921 in seinem Buch „Wachsende Häuser, aus lebenden Pflanzen entstehend" (siehe Lit. Seite 101) die *Verwachsungskraft* der Gehölze.

Diese Verwachsungskraft lässt Bauwerke von ungewöhnlicher Stabilität entstehen, Bauwerke, die jedem Sturm, jedem Erdbeben und jeder Feuersbrunst standhalten. Es ist eine Bauweise mit positiver Energiebilanz und die effektivste Art, die Sonnenenergie direkt zu nutzen. Es wird gebaut, ohne durch Energieverbrauch die Umwelt zu belasten. Ganz im Gegenteil, die Gehölze erzeugen Energie-

0.01 (linke Seite) Eingang in die geheimnisvolle Welt der Lauben

0.02 (unten) Wachsende Naturlauben im Kreislehrgarten in Bad Grönenbach, Allgäu

0.03
Vogelnest zwischen
Hainbuchengeflecht

träger in Form von Holz, sie verbrauchen keinen Sauerstoff, sondern sie erzeugen welchen. Sie bilden Humus und sind Lebensraum für eine ganze Reihe von Tieren.

Was nötig ist, um mit lebenden Gehölzen zu bauen, ist nicht nur ein Stückchen Erde unter dem Himmel, sondern auch viel Geduld, einen festen Willen, Mut, Phantasie und eine klare Vorstellung von dem, was machbar ist. Richtige Wohnhäuser aus lebenden Gehölzen, wie sie Wiechula – wenn auch unter Vorbehalt – in seinem oben aufgeführten Buch vorschlägt, sind in unseren Breitengraden wohl nicht möglich – schattige Lauben für Gärten, Park- und Freizeitanlagen aber allemal (Abb. 1.13, Seite 19)!

Unser Vorteil ist, dass viele Gehölzarten schnell Stammholz bilden, was es ermöglicht, innerhalb weniger Jahre stabile Lauben heranwachsen zu lassen, die vielleicht sogar als Ferien- oder Sommerhäuser genutzt werden können. Noch schneller lassen sich einfache Unterstellplätze für Pferd und Wagen oder Vieh recht kostengünstig herstellen. Für das Landschaftsbild ist solch ein Bauwerk si-

cherlich erfreulicher als ein Bretterverschlag – und eine Baugenehmigung ist normalerweise auch nicht erforderlich. Skeptiker werden für solche Pläne nur ein geringschätziges Lächeln übrig haben. Das ändert sich aber, wenn das Werk einmal begonnen und in wenigen Jahren zu einem imposanten Gebäude herangewachsen ist.

Der trockene Weltverstand allein reicht für die Beurteilung des Wertes dieser Idee nicht aus. Erst wenn man sie mit dem Herzen betrachtet, erschließt sich ihre ganze Großartigkeit. Die Nutzung der Pflanze erfährt eine ganz neue Dimension. Mit der Verwendung von lebenden Gehölzen, um daraus Tische, Stühle und Bänke, einfache Schutzbauten, luftige Lauben und schließlich – nach Jahren – vielleicht sogar, zumindest im Sommer, bewohnbare Häuser zu schaffen, eröffnen sich völlig neue Perspektiven. Gewiss, es ist noch viel Pionierarbeit zu leisten. Ich bin mir aber ziemlich sicher, dass geschickte Menschen in der Zukunft noch viele großartige Gebilde entstehen und verwachsen lassen werden.

Auf den folgenden Seiten möchte ich Ihnen die Grundlagen dieser Bauweise erklären und eine leicht nachvollziehbare Anleitung zum Selbst(an)bau geben.

Zwei anschauliche Beispiele für die Möglichkeiten, mit wachsenden Gehölzen zu bauen, sind in dem öffentlich zugänglichen Bereich des Kreislehrgartens in Bad Grönenbach zu sehen. Dort sind von mir im Frühjahr 2002 zwei Lauben aus je einer großkronigen (Ahorn, Abb. 0.04 - 0.10) und einer kleinkronigen Gehölzart (Hainbuche, Abb. 0.11 - 0.15) gepflanzt worden. Eine lebende Bank

0.04
Ahorn,
2. Vegetationsperiode
2003

0.05
Ahorn,
7. Vegetationsperiode
2008

0.06
Die Struktur der
Ahornlaube ist gut
zu erkennen

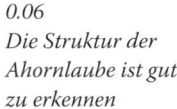

0.07 (oben links): Das Ahorngeflecht

0.08 (oben rechts): Die Ahornlaube im Herbst 2007 am Ende der 6. Vegetationsperiode

0.09 (Mitte): Die Ahornlaube im Austrieb, Frühjahr 2008

0.10 (unten): Die Ahornlaube findet reges Interesse (Mai 2008)

aus Birke ist im Frühjahr 2005 hinzugekommen (Abb. 0.16, 0.17).

Aus den anfangs nur unscheinbaren Flechthecken sind innerhalb weniger Jahre recht imposante Bauwerke entstanden, die viel Beachtung bei den Besuchern des Kreislehrgartens erfahren. So kommen einige der Besucher regelmäßig wieder, um zu sehen, wie sich die lebenden Lauben im Verlauf des Jahres und der Jahre entwickeln. Ich hoffe, dass möglichst viele Menschen an diesen Beispielen Anregung zu eigenem Handeln finden und dadurch mithelfen, dass diese Idee noch viele hübsche Blüten treibt.

Danken möchte ich in diesem Zusammenhang Johann Fleschhut, inzwischen Landrat des Landkreises

0.11 (links)
Hainbuchenlaube,
2. Vegetationsperiode
2003

0.12 (Mitte)
Das Hainbuchen-
geflecht

0.13 (unten)
Frühling im Geflecht

Ostallgäu, bei dem ich mit dieser Idee seinerzeit spontane Zustimmung und Unterstützung gefunden habe. Auf sein Wirken hin hat der Landkreis Unterallgäu als Träger des Kreislehrgartens in Bad Grönenbach am Hohen Schloss die Kosten für das Pflanzmaterial übernommen. Danken möchte ich aber auch Egon W. Kreutzer, der mir geholfen hat, den Druck und die Herausgabe der ersten Auflage dieses Buches zu verwirklichen.

Vor allem aber gilt mein Dank den Ideengebern, dem nicht mehr unter uns weilenden Arthur Wiechula sowie den ihn inspirierenden Sehern und Schreibknechten Gottes Emanuel Swedenborg und Jakob Lorber.

Und nicht zuletzt gebührt großer Dank dem „Inspirierer" aller guten Ideen selbst, der auch mir den Mut und die Zuversicht gab, mit lebenden Gehölzen zu gestalten und zu experimentieren und etwas Schönes, Sinnvolles und Nützliches daraus zu formen.

Bad Grönenbach, Sommer 2008
Hermann Fritz Block

9

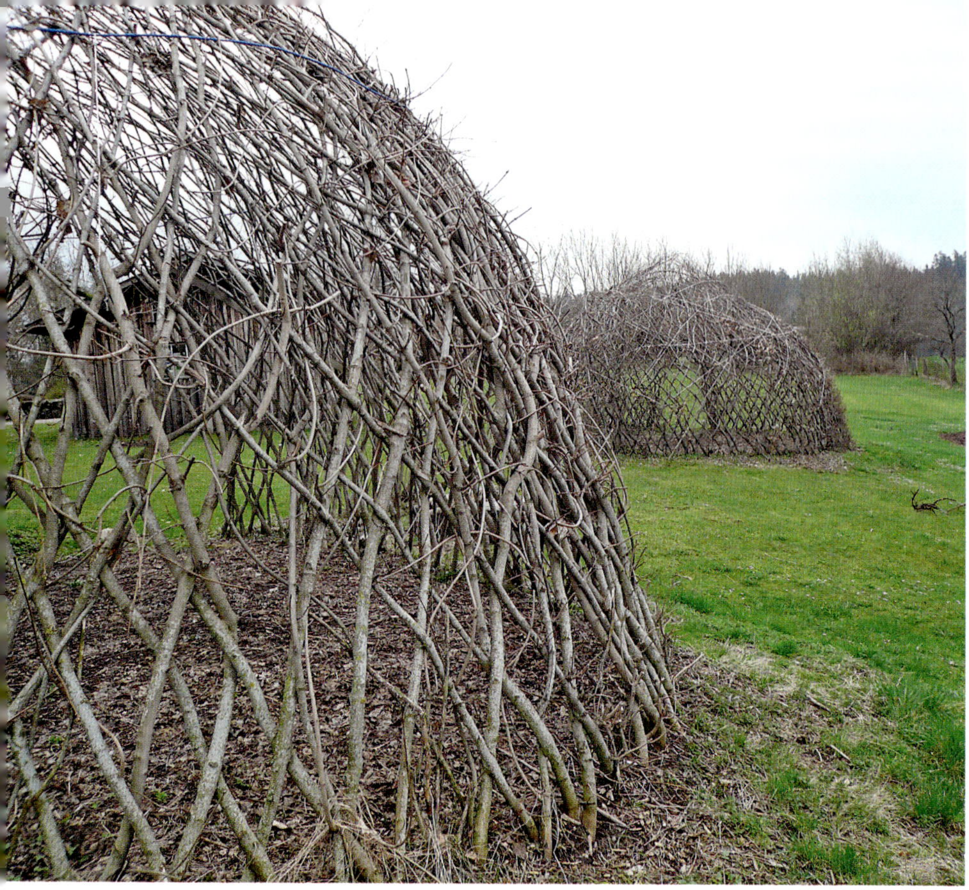

Linke Seite
0.14 (oben)
Ahorn- und Hainbuchenlaube vor dem Austrieb, 7. Vegetationsperiode im Frühjahr 2008

0.15 (unten)
Hainbuchenlaube, 7. Vegetationsperiode 2008

Rechte Seite
0.16 (oben)
Hainbuchlaube mit Lichtöffnungen

0.17 (unten links)
Birkenbank, Anfang 2005 gepflanzt ....

0.18 (unten rechts)
... und im Herbst 2005 geformt

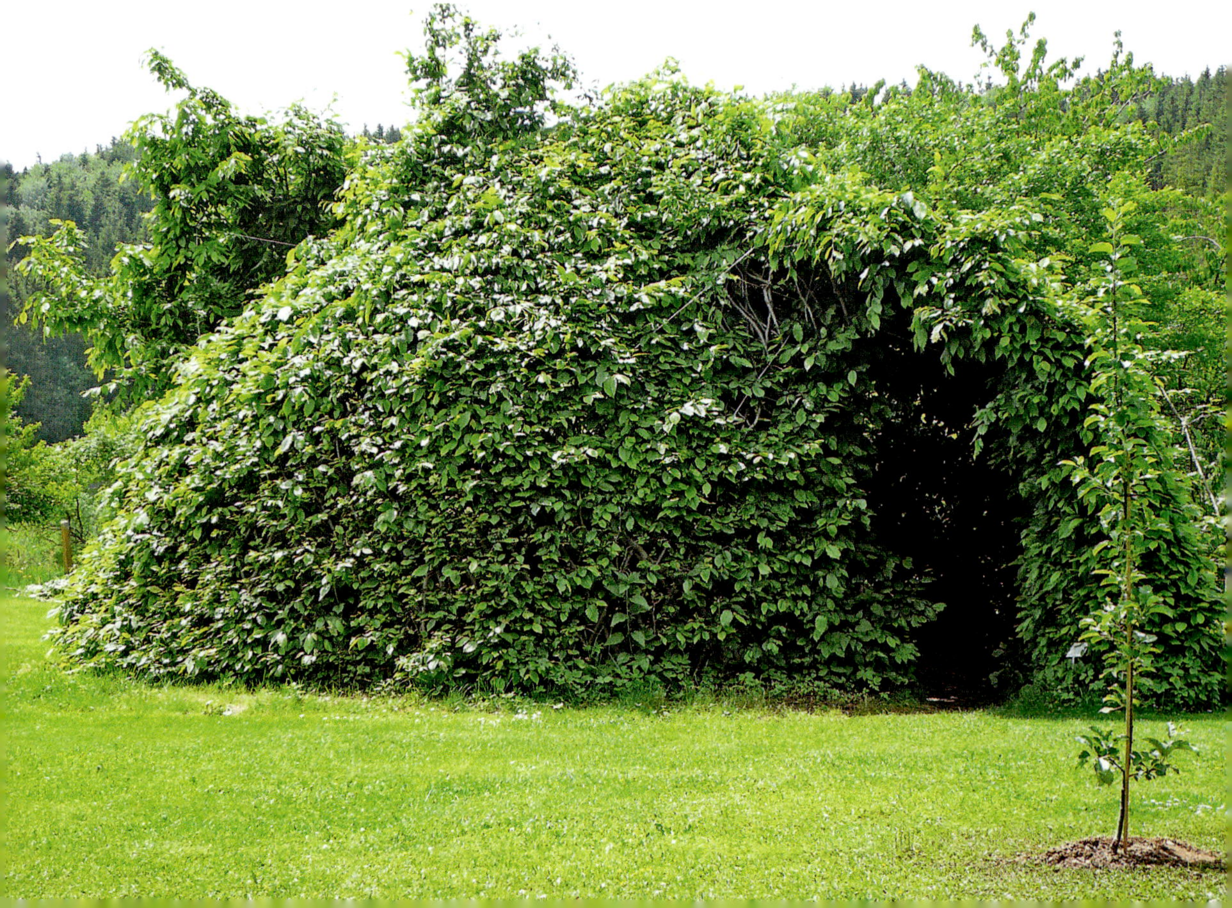

1 Das Grundprinzip

Genutzt wird die Fähigkeit stammbildender Gehölze, mit Pflanzen der gleichen Gehölzart zu verwachsen.

Ähnlich wie bei Veredelungen verwachsen Gehölzteile miteinander, sobald das direkt unter der Rinde und dem Bast befindliche Zellbildungsgewebe, das sog. *Kambium*, das auch für den Transport der im Blatt gebildeten Baustoffe zuständig ist, mit dem Kambium eines anderen Gehölzteiles gleicher Pflanzenart in Berührung kommt. Ohne dass der Gärtner anzuschneiden, zu verpfropfen oder auf andere Weise einzugreifen hat, wachsen Gehölze gleicher Art zusammen, wenn sie lange genug unverrückbar aneinander gezwungen sind. Einige Gehölzarten, wie die Hainbuche und die Rotbuche, verwachsen relativ schnell und leicht. Andere wiederum, wie z.B. der Bergahorn, lassen sich viel Zeit dazu. Je grober, dicker und rauer die Rinde ist, desto schwerer kommen die nährstoffführenden und zellbildenden Gewebeteile in Kontakt und desto länger bleiben die Gehölzteile voneinander getrennt.

Das frühzeitige Verwachsen ist für das Errichten größerer Wand- und Dachteile, wie wir sie bei Lauben anstreben, nicht erforderlich, wohl aber bei der Erstellung von Bänken, Stühlen und anderen kleingliedrigen Verwachsungen, bei denen möglichst ebene Flächen entstehen sollen. Das Verwachsen kann gefördert werden, indem wir das Kambium durch Anschneiden und Binden, Verschrauben oder Durchbohren der Stämmlinge an den Kreuzungspunkten gezielt zusammen bringen.

Nicht nur durch die Anzahl der Äste und Zweige, die eingeflochten werden, wird die spätere Dichtigkeit erreicht, sondern vor allem durch den wachsenden Umfang der einzelnen Stämmlinge. Durch das Dickenwachstum werden die Maschen im Geflecht immer enger, bis sie schließlich ganz geschlossen sind und eine dichte Wand entstanden ist.

1.01
Gekreuzte Stämmlinge verwachsen schneller, wenn sie mit einer Schraube verbunden werden. Die Schraube ist hier schon eingewachsen und überwallt; sie ist daher kaum noch zu erkennen.

1.02
Verwachsenes Eschengeflecht: Mit dem Dickenwachstum schließen sich die Maschen immer mehr

Arthur Wiechula (a.a.O.) empfiehlt in seinem Buch, alle Seitentriebe mit einzuflechten. Diesem Rat bin ich bei meinen ersten Objekten gefolgt, musste aber bald feststellen, dass man dadurch leicht die Übersicht verliert und nicht mehr oder nur noch sehr schlecht erkennen kann, ob jedes einzelne, das Hauptgerüst bildende Gehölz noch genügend Licht und Raum hat. Es kann sehr leicht passieren, dass schwächere Gehölze im Gewirr von Ästen, Laub und Zweigen untergehen. Außerdem geht die Kraft dann nicht mehr ungeschmälert in das Längenwachstum.

Einzeln stehende Bäume, die nicht unter dem Schattendruck anderer Gehölze zu leiden haben, wie das in eng und dicht gepflanzten Schonungen der Fall ist, bilden neben den Seitenästen in der Regel auch noch mehrere Leittriebe. Diese stehen in Konkurrenz zum Haupttrieb. In der Fachsprache wird dies *Zwiesel-* oder *Drieselbildung* genannt. Damit unsere in Reihe gepflanzten Gehölze die ganze Kraft in einen einzigen Trieb konzentrieren können, verhindern wir das Wachstum der Konkurrenztriebe und Seitenäste und erreichen dadurch, dass die jungen *Heister* (so werden zweimal verpflanzte Gehölze bezeichnet) in ungewöhnlich kurzer Zeit Wand, Decke und Raum entstehen lassen.

Jedes einzelne Gehölz darf nur mit einem einzigen Haupttrieb weiter wachsen (Abb. 1.03). Nur um eine Lücke zu schließen, die um eine Tür- oder Fensteröffnung herum entstanden ist, werden weitere Triebe belassen.

Innerhalb weniger Vegetationsperioden ist das Rahmengeflecht unseres Raumes entstanden. Erst wenn das Hauptgerüst aus den einzelnen

Heistern gewachsen ist, werden im unteren Bereich Seitenäste eingefügt, um möglichst schnell dichte Wände zu erhalten. Dabei sind aufstrebende Seitentriebe nach oben und schleppenbildende Äste (siehe S.15, Begriffserklärungen) seitlich oder schräg nach unten einzuflechten.

Die Verflechtung hat nicht nach bestimmten Regeln zu erfolgen. Die Pflanzen brauchen daher nicht mit Zollstock und Wasserwaage ausgerichtet werden. Sie sollen sich nur ge-

1.03
Pflanzarbeiten: Nur ein einziger Haupttrieb darf weiter wachsen

1.04
Die langen, schlanken Triebe lassen sich leicht verflechten

1.05 *Später können auch Seitentriebe eingeflochten werden*

1.06 *Schon bald fangen die Stämmlinge an, sich zu verbinden*

1.07 *Schutzwand aus Ahorn im Aufbau*

genseitig stützen und auf einer Linie halten.

Erst wenn die Wand, das Dach oder der Raum gebildet sind und das Gehölz mit seiner Krone in luftiger Höhe steht, setzt das eigentliche Dickenwachstum ein. Jetzt schließen sich die Maschen schnell und eine dichte Wand entsteht. Unebenheiten gleichen die Gehölze während des Dickenwachstums von alleine aus. Möchten wir keine dichte, sondern nur eine leichte, lichte Laube wachsen lassen, so können wir dies durch Schnittmaßnahmen steuern. Das Dickenwachstum verhindern wir am einfachsten, indem wir die Krone klein halten.

Die jungen Triebe oder Stämmlinge sind im Grunde kaum mehr als Bündel von Röhren und Leitungsbahnen, die durch einige Strukturen gefestigt sind. Durch die inneren Leitungsbahnen werden alle Nährstoffe aus dem Boden nach oben in das Blatt gezogen. Die äußeren Leitungsbahnen transportieren die im Blatt mit Hilfe des Sonnenlichts erzeugten und zum Aufbau der Pflanze erforderlichen Assimilate (Baustoffe) nach unten in die äußeren und inneren Pflanzenteile.

Ein großer Teil dieser Stoffe wird zum Aufbau des hölzernen Stammes verwendet, was zum Dickenwachstum führt. Im Laufe der Zeit wachsen so die jungen, unscheinbaren Triebe zu mächtigen Stämmen heran und bilden miteinander eine dichte Wand und ein Dach. Alle dichten Gebäudeteile mit ihren Öffnungen und Einrichtungen (Galerie, Balkon, Baumleiter u.ä.) verlaufen später genau da, wo wir die noch jungen, flecht- und biegbaren Stämmlinge hingepflanzt, hingebogen, hingezogen und hingeschoben haben. Dabei müssen wir nur die Regeln der Natur wie auch die Eigentümlichkeiten und das Wuchsverhalten der lebendigen Pflanzen beachten. Die Naturkraft leistet die eigentliche Schwerarbeit, deren Leistungsfähigkeit wir uns einzig durch leichte Mitwirkung nutzbar machen. Die Arbeit des Menschen besteht lediglich darin, seine wertvollsten Werkzeuge – den Verstand und die Vorstellungskraft – einzusetzen und seine Hände zu nutzen, um die Gehölze zu pflanzen, zu pflegen und die jungen Triebe zweckentsprechend zu vereinigen.

Begriffserklärungen

Damit der interessierte Laie weiß, um welche Teile des Baumes es sich bei bestimmten Bezeichnungen handelt, hier einige Erläuterungen dazu:

Heister werden mehrmals verpflanzte Sämlinge genannt, Junggehölze mit einer Höhe zwischen 80 cm und 1,50 bis 2,50 Metern.

Wurzelhals bezeichnet die Stelle an einer jungen Pflanze, die im oberen Erdsubstrat sitzt, dort, wo der Stamm zu Ende ist und die Wurzel beginnt.

Wurzelanlauf wird die Basis des ausgewachsenen, alten Baumes genannt und bezeichnet den Bereich, an dem die Wurzel den Boden verlässt und in den Stamm übergeht.

Stämmling heisst der senkrechte oberirdische Hauptleittrieb eines jungen Gehölzes.

Ast nennt man einen älteren, größeren Gehölzteil, der seitlich vom Stamm herausgewachsen ist.

Zweig heisst das junge, kleine Gehölz, das aus dem Stämmling oder Ast herauswächst.

Trieb wird das einjährige, frisch getriebene, geilwüchsige, anfangs noch krautige Gehölz genannt.

Traufe bezeichnet den Bereich, der sich senkrecht unter den äußeren Zweigen befindet. Das Regenwasser tropft überwiegend dort ab. In diesem Randbereich bilden die Bäume vorzugsweise feine Haarwurzeln (Adventivwurzeln siehe S. 16). Zum Teil auch über die Blätter, aber vor allem mit diesen feinen Wurzeln kann die Pflanze Wasser und Nährstoffe aufnehmen.

Schleppen werden die starken Äste genannt, die im unteren und mittleren Stammbereich waagerecht hervorgewachsen sind. Diese Äste wachsen nicht nach oben, sondern seitlich waagerecht und sogar schräg nach unten. Sie schützen den Stamm vor direkter Sonneneinstrahlung. Einzeln stehende Gehölze benötigen diese Äste. Oft werden sie entfernt, um „astreines" Holz zu erhalten. Bei unseren Straßenbäumen werden diese Äste oft unnötigerweise auch auf der zur Straße abgewandten Seite entfernt. Die Schleppen bedecken, schattieren und schützen nicht nur den Stamm und die Wurzelanläufe vor übermäßiger Hitze, sondern auch einen Teil des durchwurzelten Erdreichs vor zu starker Sonneneinstrahlung und damit auch vor Austrocknung.

Krone wird der gesamte obere Teil des Baumes genannt, der sich über dem Stamm befindet und der den Habitus (die äußere Erscheinungsform) des Baumes bildet.

Vegetationsperiode bezeichnet die Wachstumszeit von Frühjahr über den Sommer bis in den Herbst hinein, solange die Pflanze vegetativ mit Wurzel, Trieb und Blatt aktiv tätig ist.

Assimilate sind die im Blatt mit Hilfe des Sonnenlichts gebildeten Wachstumsprodukte.

Adventivwurzeln sind eine Art Vorwurzel. Es handelt sich um feinste Wurzelfasern, die vom Wurzel- oder Steckholz gebildet werden und die in kleinste Erdspalten dringen, um Wasser und Nährlösungen aufzuspüren und aufzunehmen.

1.08 Viele kleine Einheiten ....

1.09 (rechte Seite)
... fügen sich zu einem großen Organismus

Leidet die Natur des Baumes?

Vergewaltigen wir die Natur, das Recht auf freie Entfaltung der Seele des Baumes, wenn wir ihn so in Wände, Dächer, Stühle oder andere Formen einzwängen? Auch ich habe mir diese Frage gestellt. Doch jeder, der einmal gesehen, gespürt und erlebt hat, wie sich die Gehölze im Laufe der Zeit immer inniger ergreifen, verbinden und einswerden, dabei völlig unbekümmert zügig und kräftig weiterwachsen und dem Licht entgegen streben, gelangt schnell zu der Einsicht, dass keiner Pflanze etwas zu Leide getan wird. Jeder Organismus besteht aus vielen kleinen Einheiten. Das Zusammenfügen kleinster Elemente zu einem größeren Ganzen ist immer auch mit der Einschränkung der Individuen verbunden, schafft aber die Voraussetzung für die Entwicklung höherer Organismen. Diese wiederum entwickeln ihr eigenes Wachstum und entfalten eigene Kräfte. Es ist davon auszugehen, dass die Gehölze im Geflecht der Laube eine höhere Lebenserwartung haben, als in jeder anderen Situation. So kann ein Linden-, Ahorn- oder Buchenbaumhaus leicht 150 Jahre im Saft stehen. Im Forst hat die einzelne Pflanze zwar mehr Platz, sie wird aber gefällt, sobald sie die optimal vermarktbare Stärke erreicht hat (wenn sie nicht sowieso schon in jungen Jahren bei Auslichtungsarbeiten im Gehölzbestand gefällt und verbrannt wird). Unser Holz wird auch nach dem Ende der natürlichen, vegetativ aktiven Lebenszeit – nach entsprechender Präparation, das heißt Trennung von der Bodenfeuchte – noch weiteren Menschengenerationen dienen können.

Bauen mit lebenden Gehölzen – eine altbekannte Idee

Recht verbreitet ist inzwischen das Stecken von Weidenruten und Rutenbündeln zu Lauben, Laubengängen und ähnlichen Gebilden. Vor allem in Einrichtungen wie Kindergärten oder Tagesstätten, Kinderheimen und Schulen sind solche Objekte zu finden. Die Meister dieses Faches verstehen es, mit ihren Mitteln wunderschöne Objekte zu errichten. Es werden frisch geschnittene Weidenruten möglichst tief in gelockerte Erde gesteckt und feucht gehalten. Die Steckhölzer bewurzeln sich und wachsen mit einem Bündel von Trieben weiter. Es geht hierbei nicht darum, durch Verwachsen und Stammbildung geschlossene Wände zu erhalten, Ziel ist vielmehr, durch eine dichte Anordnung der Gehölze und deren dichten Austrieb schnell eine räumliche Gestalt zu erreichen.

Noch wenig bekannt ist hingegen, dass sich durch Aussaat oder durch Pflanzung bewurzelter stamm- und holzbildender Großgehölze Lauben und, in entsprechenden Zeiträumen, aus Lauben geschlossene Gebäude formen lassen.

Es ist ein oft beobachtetes Phänomen, dass gleichartige Ideen zeitgleich in unterschiedlichen Regionen auftauchen können, ohne dass die beteiligten Personen voneinander wissen. Sowohl in Amerika als auch in Deutschland begannen am Anfang des 20. Jahrhunderts drei Menschen ganz unabhängig voneinander mit lebenden Gehölzen zu experimentieren. In den USA waren dies in der ersten Hälfte des 20. Jahrhunderts *John Krubsack* (Abb. 1.10)) und *Axel Erlandson* (Abb. 1.11). Von John Krubsack ist bekannt, dass er einen Stuhl aus mehreren Gehölzen formte und verwachsen ließ. Dieser Stuhl ist bis heute erhalten und bei der Möbelfirma seiner Nachfolger (Noritage furniture, Embarass, Wisconsin, USA) ausgestellt. Von Axel Erlandson, einem Bohnenfarmer, sind ein Teil der Skulpturen, wie z.B. riesengroße Herzen, Gitterbäume, überdimensionale Spiralen, Leitern und ähnliches, heute noch im Freizeitpark

1.10 (links)
John Krubsack
(1858 - 1941)

1.11 (Mitte)
Axel N. Erlandson
(1884 - 1964)

1.12 (rechts)
Arthur Wiechula
(1864 - 1941)

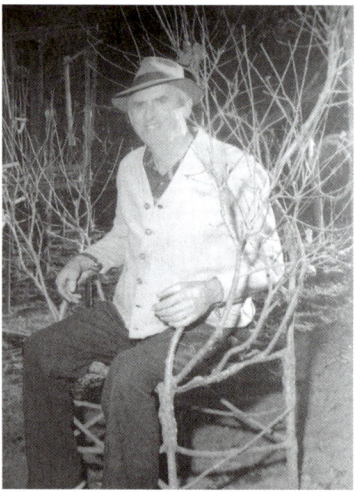

 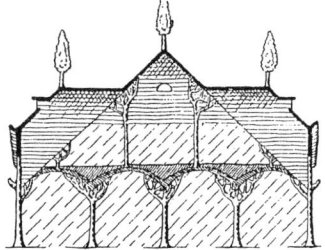 

Mehrgeschossige Scheune
Pferdestall mit runden Ecken auf der Koppel

Eisenbahn-Wartehalle mit eingewachsenen Fenstern
Gartenhaus mit teils geschlossenen, teils offenen Wänden

Gartenhaus, bei dem das Vordach von 4 einzeln stehenden Bäumen getragen wird
Überdachter Stellplatz für Wagen und Maschienen

Ein Melkplatz auf der Weide
Brücke mit einer Spannweite von 8 Metern

1.13   Skizzen von Arthur Wiechula aus seinem Buch „Wachsende Häuser aus lebenden Bäumen entstehend" (a.a.O.)

1.14
Skulptur aus Platane
(Platanus acerifolia)
von Axel Erlandson,
Gilroy Gardens, Gil-
roy / Kalifornien

„Gilroy Gardens" in Gilroy/Kalifornien, zu besichtigen.

In Deutschland war es Artur Wiechula (Abb. 1.12), der 1926 sein Buch „Wachsende Häuser aus lebenden Bäumen entstehend" (a.a.O.) veröffentlichte. Nicht nur die Gestaltung mehrgeschossiger Gebäude aus lebenden Gehölzen, auch die Konstruktion von Brücken, Türmen und Stallgebäuden ist darin bis ins Detail beschrieben (Abb. 1.13). Solchen Ideen ging er schon vor dem ersten Weltkrieg nach, aber erst nach dem Krieg wagte er sich mit seinen Visionen an die Öffentlichkeit. Für den einen oder anderen Leser dieses Buches mag es interessant sein, dass Wiechula durch die Schriften *Emanuel Swedenborgs* (1688 – 1772) und *Jakob Lorbers* (1800 – 1864), beide Mystiker mit prophetischen Gaben, auf die Möglichkeit des Bauens und Gestaltens mit lebenden Gehölzen aufmerksam wurde (Auszüge aus deren „Kundgaben", in denen das „lebendige Haus" erwähnt ist, sind im Anhang, Seite 99, zu finden).

In einem an Wiechula gerichteten Brief einer Familie Röber aus Leipzig, der kurz nach dem ersten Weltkrieg geschrieben wurde, wird deutlich, wie und mit welcher Geisteshaltung die Idee seinerzeit aufgenommen wurde. Dort heißt es:

„Erfreulicherweise bekamen wir Ihren Prospekt betr.: „Wachsende Häuser" in die Hände, welcher uns außerordentlich interessiert, …. Wir betrachten es vom Standpunkte des großen Naturbaumeisters, unseres geliebten himmlischen Vaters aus, der Ihnen das wunderbare Material und die dazu benötigten Baukräfte völlig kostenlos liefert und von Ihnen als sein Geschöpf nur erwartet - nicht zwingt - , dass

Sie das unentgeltlich Gelieferte, sinngemäß und ordnungsmäßig, mit dem ebenfalls vom Weltenbaumeister, unserem lieben Gott, empfangenen Verstand und Intelligenz verwenden! Sie sind erfreulicherweise noch nicht von dem abgewichen, was Gott uns auf natürlichem Wege darreicht. Sie nehmen noch aus der Hand des Schöpfers und verwenden es mit den von Ihm empfangenen Geistesgaben wirklich vernunftgemäß zum Nutzen seiner Geschöpfe! - O, Sie vernünftiger und deshalb noch ganz natürlicher Mensch inmitten einer verkehrten und verdrehten Welt! -" (aus Wiechula: Wachsende Häuser …, a.a.O., S. 318)

Wiechula stellt in seinem Buch die Frage: „Warum fälle ich die Bäume im Wald und nehme ihnen das Leben; benutze das tote, langfristig in Verrottung übergehende Holz und baue mir Häuser, wenn ich sie doch auch gleich so pflanzen kann, dass sie mir lebendige Räume bilden?"

Doch nach anfänglichem großen öffentlichen Interesse wurde seine Idee schnell wieder vergessen. Neue wissenschaftlich-technische Errungenschaften faszinierten die Menschen mehr. Das ökologische Bewusstsein war noch nicht in dem Maße geweckt, wie das heute der Fall ist.

Flechthecken und Laubengänge

Das Prinzip der Flechtwand können wir schon bei der Pflanzung von Hecken anwenden. Wenn wir von Anfang an eine undurchdringliche Grundstücks-Abgrenzung erhalten wollen, schneiden wir bei den möglichst groß gewachsenen Heckenpflanzen alle Seitentriebe weg und verflechten die Gehölze schon direkt bei der Pflanzung. Wir erhalten auf diese Weise einen Naturzaun, ähnlich dem bekannten Jägerzaun.

Den Naturzaun können wir beliebig hoch wachsen lassen. Wird der untere Bereich verflochten, kann der obere Austrieb wie eine Hecke kurz gehalten werden. Lassen wir die Gehölze aber aufwachsen, entsteht ein undurchdringlicher Zaun in Form einer Baumreihe. Schon nach wenigen Jahren wird eine dichte Wand als Schutz gegen Lärm und Wind zur Abgrenzung größerer Park- oder Grundstücksflächen entstanden sein. Dies ist besonders für Obst- und Gemüsegärten sinnvoll, die in der Regel sowohl einen Zaun als auch eine Windschutzpflanzung benötigen.

Die Flechtwand muss nicht unbedingt miteinander verwachsen. Es ist daher auch nicht erforderlich, mit nur einer einzigen Gehölzart zu arbeiten. Vielmehr kann es reizvoll sein, Gehölze mit verschiedenfarbigem Laub oder Holz zu verwenden.

Auch für Pferdekoppeln und Viehweiden ist diese Art Flechthecke oder Flechtwand sinnvoll. Neben der Umfriedung bietet sie dem Vieh Wind-

1.15   Jägerzaunähnliche Flechthecke

1.16   Flechthecken bilden dichte Strukturen und wertvolle Biomasse

1.17
Aus Flechtwänden in Doppelreihen werden romantische Laubenbogengänge ...

und Wetterschutz. Ein Unterstand aus Walnuss beugt sogar der lästigen Fliegenplage vor. Damit der Zaun im jungen Zustand nicht an der Rinde beschädigt wird, empfiehlt es sich, den seitlichen Auswuchs wachsen zu lassen. Dieser kann dann von den Weidetieren befressen werden, ohne dass die Gehölzgitterfläche Schaden nimmt. Das Vieh hat dadurch die Möglichkeit, im Laub der Gehölze Mineralien zu finden, die auf einer reinen Wiesenfläche in der Regel nicht vorhanden sind. Der obere Auswuchs dagegen wird von den Tieren nicht erreicht und kann unbeschadet in die Höhe wachsen.

Da als Pflanzmaterial überwiegend starkwüchsige, gut stutzbare Gehölze wie z. B. Hainbuche, Feldahorn, Wildapfel und dergleichen verwendet werden, kommt bei dem alle 4 bis 5 Jahre erforderlichen Schnitt noch der Vorteil der immer wertvoller werdenden Holzerzeugung und damit Energiegewinnung hinzu. Neuartige Holzhäckselmaschinen machen aus dem Auswuchs innerhalb kürzester Zeit wertvolle Biomasse.

Es wäre auch nicht schwierig, solch eine Pflanzenwand zu Laubengängen mit Eingangs- und Torbögen zu formen, um unterschiedliche Park- bzw. Gartenteile zu verbinden und Räume zu schaffen, in denen das Kleinklima verbessert werden soll.

Wollen wir in der Flechthecke Durchblicke ermöglichen, schneiden wir dort den seitlichen Austrieb bis auf die verflochtenen Hauptstämmlinge ab. Die Schutzwirkung der Hecke bleibt dennoch erhalten, ähnlich wie bei einer Hecke aus Holz- oder Metallgeflecht. Durchblicke können z.B. in der Nähe von Terrassen reizvoll sein oder dort, wo wir für halbschat-

ten- oder schattenliebende Sommerblumen, Stauden und dergleichen die richtigen Lichtverhältnisse schaffen wollen. Für solche Flechthecken sind alle kleinkronigen, stammbildenden Gehölze geeignet, wie z.B. Hainbuche (*Carpinus betulus*) und Feldahorn (*Acer campestre*). Selbst die Birke (*Betula pendula*), besonders die Papier–Birke (*Betula papyrifera*), mit ihrer hellen Rinde, oder der Wildapfel (*Malus sylvestris*) kommen für Flechthecken in Frage.

Wer etwas Ausgefalleneres sucht und es sich leisten will, findet im Eschen-Ahorn (*Acer negundo*) mit seiner glatten, glänzenden, in Grüntönen schimmernden Rinde, in den buntlaubigen Ahornsorten, wie dem gelben Eschenahorn (*acer negundo ‚Odessanum‘*), oder dem Silberbunten Eschenahorn (*Acer negundo ‚Variegatum‘*) sowie in der Kupferbirke (*Betula albonensis*) oder im Feuer-Ahorn (*Acer ginnala*) besonders exklusive Gehölzarten, die groß und ausreichend stabil sind.

Liguster, Heckenkirsche, Spieren und ähnlich schwachwachsende, schnittverträgliche Gehölze, die üblicherweise für Hecken genutzt werden, sind weniger geeignet. Sie treiben aus der Basis ständig neu aus und sind nicht stabil genug.

Richtig zur Geltung kommt die Flechtbauweise jedoch erst bei der Errichtung einer Laube, die im folgenden beschrieben wird.

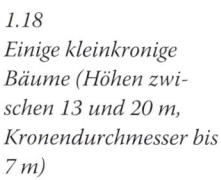

1.18
Einige kleinkronige
Bäume (Höhen zwi-
schen 13 und 20 m,
Kronendurchmesser bis
7 m)

1 Eschenahorn
  (Acer negundo)

2 Vogelbeere
  (Sorbus aucuparia)

3 Hainbuche
  (Carpinus betulus)

4 Roterle
  (Alnus glutinosa)

5 Schwedische
  Mehlbeere
  (Sorbus inter-
  media)

6 Sand-Birke
  (Betula pendula)

2 Wir planen unsere Laube

Der Grund – und der Boden

Was für eine Laube möchte ich haben? Was erwarte ich von ihr? Dazu im folgenden drei – gar nicht so unterschiedliche – Aussagen:

„Ich möchte einen Spiel- und Tummelplatz für meine Kinder. Aber auch einen Platz für Mußestunden, einen Ruhe- und Rückzugsraum für mich selbst. Einen Platz, der mich vor den heißen Sonnenstrahlen und der Mittagshitze schützt, wo ich träumen, lesen, schreiben, mit freundlich gesinnten Menschen zusammen sein und ein Glas guten Rebensaft trinken kann."

„Hier kann ich mich von der Geschäftigkeit der Welt erholen, hier werden sich die Wogen meiner Seele wieder glätten können. Ich will einen lebendigen Raum, weil ich das Leben und das Lebendige liebe."

„Ich habe keine Angst davor, dass mir etwas über den Kopf wächst, weil ich mit den mir von oben zur Verfügung gestellten Kräften nicht nur meine eigene, sondern auch die wilde Natur der noch groben Seelen der Gehölze zu steuern, zu formen und zu veredeln weiß."

Die zur Verfügung stehende Fläche für eine Laube ist in den Hausgärten üblicher Größe zwar meist nicht üppig bemessen, reicht in der Regel aber für eine kleine Laube aus, vor allem, wenn sie weder geschlossene Wände hat, noch zu einem dichten Naturbau heranwachsen soll. Selbst auf schmalen Reihenhausgrundstücken ist dafür manchmal ausreichend Platz. Zu nah an Gebäuden oder im Schatten großer Bäume sollte unser Bauwerk möglichst nicht stehen. Auch nicht zu dicht oder zu nah am Waldrand. Die Gehölze brauchen nach oben und zur Seite Raum und Licht für die Ausbreitung von Ästen, Zweigen und Laub. Sie werden sich immer dem Licht zuneigen und schiefe Wände bilden, wenn sie unter Schattendruck stehen. Das wäre weiter nicht schlimm, wenn nicht die Gefahr bestünde, dass einzelne Gehölze in Folge von Lichtmangel dann gänzlich verkümmern. Dies aber sollte unbedingt verhindert werden.

Über die *Entstehungsdauer* unserer Laube besteht nicht nur bei Laien, sondern auch bei Forstleuten oft eine falsche Vorstellung. Dabei hat man meist forstliche Pflanzungen im Auge, die auf kargem Grund gepflanzt wurden. Wenn dann noch durch eine falsche Gehölzauswahl der falsche Baum auf einem für die Natur des Gehölzes falschen Grund zu stehen kommt, dann braucht es Jahrzehnte, bis ein nennenswerter Baum entstanden ist. Ganz anders verhält es sich auf unserem Gartengrund. Hier können wir durch eine entsprechende Bodenvorbereitung und durch Maßnahmen wie Wässern und Düngen unsere Gehölze zu wesentlich stärkerem Zuwachs verhelfen. Durch das Einkürzen der Seitentriebe beschleunigen wir das Längenwachstum zudem, so dass der Naturbau in ungewöhnlich kurzer Zeit entstehen kann.

1.19 (linke Seite) Einige großkronige Bäume (Höhen zwischen 20 und 30 m, in optimalen Lagen auch mehr, Kronendurchmesser bis 7 m)

1 Silber-Weide (Salix alba)

2 Winterlinde (Tilia cordata)

3 Stieleiche (Quercus robur)

4 Spitzahorn (Acer platanoides)

5 Esche (Fraxinus excelsior)

6 Vogelkirsche (Prunus avium)

7 Buche (Fagus sylvatica)

8 Amerikanische Roteiche (Quercus rubra)

9 Bergahorn (Acer pseudoplatanus)

Die *Größe der Laube,* sowie die Licht- und Bodenverhältnisse entscheiden über die zur Verwendung kommenden Gehölzarten. In beengten Verhältnissen sind alle kleinkronigen Bäume und starkwüchsige, stammbildende Großsträucher geeignet, die nicht mit Nadeln, wie z.B. Blautannen, oder Dornen, wie z.B. Hahnendorn, bewehrt sind. Je größer das Wachstumsvermögen der eingesetzten Gehölzart ist, desto großräumiger kann die Laube geplant werden. Doch mehr dazu auf den Seiten 31 ff.

ner Erfahrung ca. 1/4 der maximalen Höhe des verwendeten Gehölzes betragen. Die Hainbuche zum Beispiel wird bei uns etwa 16 m hoch. Im Durchmesser vier Meter große Räume können in überschaubarem Zeitraum nach allen Richtungen geschlossen werden. Für größere Räume sind entsprechend größer werdende Gehölzarten, wie z.B. die Rotbuche *(Fagus silvatica),* erforderlich.

Unsere Laube muss nach oben nicht unbedingt geschlossen sein. Auch ein nach oben offener Bäumchenkreis hat einen ganz eigenen Reiz. Ein Raumabschluss nach oben bei Bedarf, z.B. um sich vor Nässe

2.02
Der Pflanzgraben lässt die Grundform der dreigliedrigen Laube erkennen

2.03 (ganz unten) Im Aufbau: Grünes Klassenzimmer mit gerundeten Ecken und Windfang an den Eingängen

Die Form

Die Grundform wie auch die äußere Gestalt der Laube sollten sich an die naturgegebenen Verhältnisse anlehnen. Die naturgegebene Form ist der Kreis, das Rund. Der Aufwand an zusätzlichen Hilfsmitteln ist am geringsten, wenn wir einen kreisförmigen Raum entstehen lassen. Für die spätere Ausbildung des runden bis spitzkegeligen Daches werden dann lediglich ein paar starke, lange Stricke benötigt. Selbst wenn wir große, mehrgliedrige Räume aus mehreren Kreisen schaffen wollen, sind Stricke als einfache Hilfsmittel ausreichend. Durch die nur außen anliegende Abspannung haben wir auch den großen Vorteil, den Raum jederzeit betreten und nutzen zu können, ohne von irgendwelchen Stangen, Seilen oder Gerüsten behindert zu werden.

Der Durchmesser einer runden Laube oder die lichte Weite parallel verlaufender Wände kann nach mei-

2.01 (linke Seite): Anfang Oktober 2007: Licht-Spiel in der Laube

oder Kälte zu schützen, ist mit Hilfe von Schirm oder Plane leicht möglich. Warum sollte man sich auch unbedingt durch ein Dach vom Himmel trennen wollen? Schließlich heißt es doch „alles Gute kommt von oben".

Um oben eine kleine oder größere Öffnung zu erhalten, ähnlich wie bei einem Tipi, kann es ausreichend sein, wenn die Stämmlinge durch eine Zugleine leicht oder stärker nach innen gebogen werden. Die Stämmlinge erfüllen ihren Zweck selbst dann, wenn sie nur senkrecht angeordnet und durch Schnittmaßnahmen auf eine bestimmte Höhe gehalten werden. Der Arbeitsaufwand ist bei dieser einfacheren Bauweise beträchtlich geringer. Die Gehölze müssen durch innen und außen angelegte Ruten oder Bindungen lediglich auf einer Linie gehalten werden.

Die Seitentriebe werden in diesem Fall nicht eingekürzt, sondern sollen möglichst lang wachsen. Im Spätherbst, wenn sie gut verholzt und biegsamer geworden sind, werden sie zwischen die Stämmlinge eingeflochten. Dabei werden nur alle diejenigen Seitentriebe eingeflochten, die ihren Ansatz seitlich zu den benachbarten

Stämmlingen haben (siehe Abb. 2.04). Die direkt nach außen gewachsenen Triebe stehen zu weit ab und müssten im weiten Bogen wieder zurück in das Hauptgerüst geführt werden.

Auch rechteckige Räume sind möglich (siehe Abb. 5.27, S.97), doch benötigen wir in der Regel dafür Stangen und Gerüste, um die wir die Gehölze an den Ecken umbiegen und anbinden können. Ohne ein Gerüst würden die rechtwinkligen Ecken mit steigender Wuchshöhe der Gehölze zunehmend in die Rundform übergehen. Bei den immer wieder erforderlichen Flechtarbeiten ist so ein Gestell aber oft hinderlich. Ich selbst bin schon nach meinem ersten Objekt, einer Roterlenlaube, die ich bei einem Freund in Südniedersachsen gepflanzt habe, von der eckigen Form abgekommen.

Mit jeder runden oder rechteckigen Gebäudeform lassen sich durch verschiedene Anordnungen zusammenhängende Gebäudekomplexe sehr großen Ausmaßes erstellen.

Die äußere Erscheinung unserer Laube kann höchst unterschiedlich sein. Je nach Erfordernis können wir dich-

2.04 (links)
Die Seitentriebe werden im Spätherbst zwischen die Stämmlinge eingeflochten

2.05 (rechts)
1 bis 1,5 m lange Flechtlaubenelemente lassen sich vorfertigen, wenn Heister in länglichen Containern vorgezogen und dort schon gekreuzt und geflochten werden

te, geschlossene Wände erstellen oder offene, leichte, filigrane Strukturen. Dichte, geschlossene Wände sind sinnvoll, wenn wir den Naturbau im offenen, ungeschützten Gelände errichten wollen. Schon beim Pflanzen werden wir dies berücksichtigen und die Gehölze im Pflanzgraben möglichst dicht zusammenrücken. Zusätzlich werden wir in den Jahren des Hauptwachstums so viele Seitentriebe wie möglich in das Hauptgitter hineinflechten, das aus den Hauptleittrieben der einzelnen Gehölze gebildet ist. Schon bald entstehen wind- und wetterfeste Wände. Dort, wo es die Sicht- und Windverhältnisse zulassen, können aber die lockeren, leicht wirkenden, offenen Laubenstrukturen reizvoller sein. In diesem Fall benötigen wir nicht so viele Pflanzen, so dass sich schon mit relativ wenigen Gehölzen Lauben oder ganze Laubenbogengänge erstellen lassen.

Kreisförmig oder parallel in Reihen angeordnet, können die Gehölze oben miteinander verbunden werden. Auf diese Weise entstehen Lauben oder lange Bogengänge. Laubenbogengänge, z.B. mit einer geschlossenen und einer offenen Seite, können auch gut als Grundstückabgrenzung oder zur Verbindung verschiedener Garten- oder Parkbereiche dienen.

Elemente dafür aus 15 bis 20 gekreuzten und schon fertig geflochtenen Heistern könnten z.B. in länglichen Containern in Baumschulen vorgezogen werden. Dicht an dicht gepflanzt, ließen sich so auch geschlossene Wände vorfertigen (vielleicht in Zukunft eine lohnende Aufgabe für Gehölzanzuchtsbetriebe).

Selbst aus einzelnen Gehölzen können schöne Überdachungen hergestellt werden, wenn die Kronen der

2.06   Um einen Sitzplatz im Freien werden 8 Bäumchen gepflanzt ....

2.07   ... wir lassen die Bäume wachsen und entfernen die Seitentriebe im unteren Bereich ...

2.08   ... die Triebspitzen werden zusammengebunden und alle nach oben und unten gerichteten Zweige entfernt – fertig ist die offene Laube

Bäume entsprechend geschnitten, gezogen, geformt und verbunden werden. Die Gehölze, z.B. 8 Heister Mehlbeere *(Sorbus aria)*, lässt man zunächst einige Vegetationsperioden lang in die Höhe wachsen. Um das Längenwachstum zu beschleunigen, werden die Seitentriebe regelmäßig eingekürzt und zum Schluss ganz gekappt. Haben die Bäume die gewünschte Höhe erreicht, bindet man die Triebspitzen zusammen. Die dann noch nach oben oder unten abstehenden Triebe werden entweder entfernt oder in die Dachfläche eingebunden und schon ist ein Dach entstanden, das ein feines Plätzchen für Mußestunden bietet (siehe Abb. 2.06-2.08). Die hier als Beispiel angeführte Mehlbeere eignet sich auch deshalb so gut,

2.09
Der Grundriss der Lauben im Kreislehrgarten zeigt mögliche Laubengrößen

weil sie recht spät austreibt, was im Frühling einen längeren Genuss der wärmenden Sonne erlaubt. Früchte, Beeren oder lange Blütenzeiten sollte das Gehölz für eine Sitzplatz-Überdachung nicht haben, sonst passiert es zu oft, dass von oben etwas in die Kaffeetasse oder in das Weinglas fällt.

Die Größe

Für das private Gartengrundstück ist – bei ausreichendem Platz – eine Laube mit einem Durchmesser von ca. 3 bis 5 m am besten. Die Größe und in gewissem Maße auch die Form der Laube werden neben dem zur Verfügung stehenden Platz auch vom Stammholzbildungsvermögen der einzelnen Gehölzarten bestimmt. In unseren Breitengraden haben wir es bei den *großkronigen* Bäumen mit Gehölzen zu tun, die im freien Stand Stämme (ohne Baumkrone) von mindestens 15 m Höhe und mehr bilden können. Wenn wir durch einen Buchenwald gehen, können wir die Ausmaße deutlich wahrnehmen.

Die kleinkronigen Bäume bilden bis zum Kronenansatz Stämme von 8 bis 10 m aus. Im engen Verband der Laube sind solche Dimensionen nicht zu erreichen. Zu berücksichtigen ist auch, dass die Stämme im Flechtverband geneigt stehen und schon von daher nicht die Höhe erreichen können wie im freien Stand.

Um schräg geneigt die gegenüberliegende Grünwand zu erreichen, muss bei einer kreisförmigen Anordnung von ca. 5 m Durchmesser und einer etwa 3,5 m hohen, spitzkegeligen Ausformung des oberen Teiles das Gehölz in der Lage sein, einen Stamm

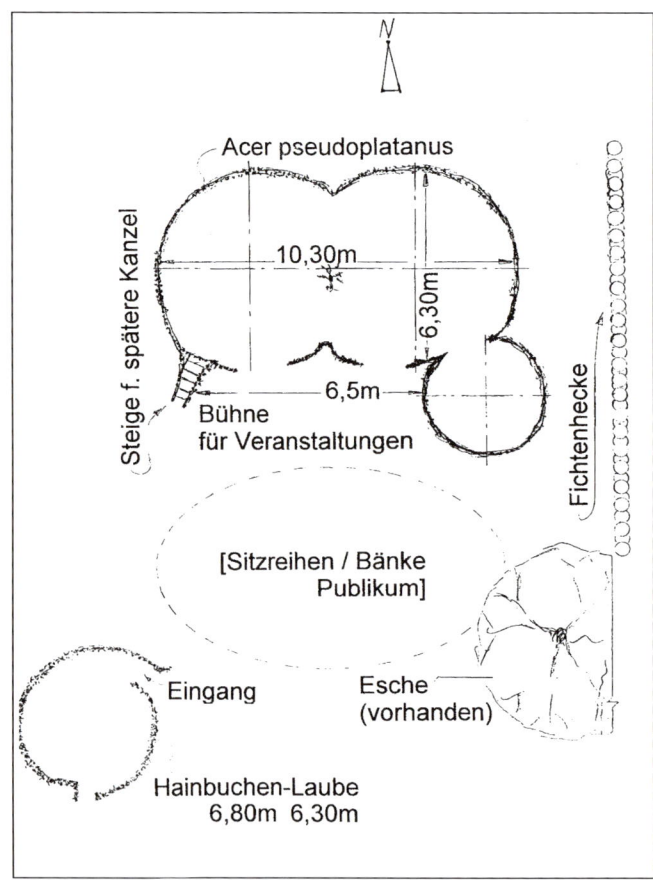

von 7 bis 8 m Länge zu bilden. Erst dort, auf der anderen Gehölzseite, bekommt die Pflanze wieder mehr Platz, Raum, Licht und Luft und kann sich breiter und höher zu einer Baumkrone entfalten. Die Baumkrone wiederum lässt sich später eventuell zu einer kleineren zweiten Ebene (Plattform) formen (siehe auch S.75 ff.)

Für Hallen-, bzw. Laubengänge gibt es in der Länge keine von den jeweiligen Gehölzarten vorgegebene Beschränkung, wohl aber in der Breite und Höhe. Um eine größere Breite zu ermöglichen, können mehrere Laubengänge nebeneinander gepflanzt werden. Die Räume sind dann im Innern zwar durch Säulenreihen gegliedert, es ist dabei aber im Grunde jedes Ausmaß und jede denkbare Windung, Wendung und Form möglich.

Wegen des meist nur geringen Platzangebotes auf den heutigen Grundstücken kommen für Lebendlauben eigentlich nur kleinkronige Bäume 2. Wuchsordnung in Frage. Der kleine Zuschnitt von Baugrundstücken wird immer wieder mit dem Argument begründet, die Natur aus ökologischen Gründen nicht zu sehr versiegeln und verbauen zu wollen. Meines Erachtens wird aber gerade durch eine dichte Bebauung ökologischer Schaden verursacht. Mir fällt es schwer, einzusehen, warum ein mit Dünger und Spritzmitteln behandelter Acker oder eine fünfmal im Jahr gemähte und gedüngte Wiese ökologisch wertvoller sein soll als eine locker bebaute, großzügige Gartenlandschaft, in der nur ein geringer Teil der Fläche mit Gebäuden versiegelt ist, der gesamte Rest aber viele Büsche, Bäume, Stauden, Beerensträucher sowie Obst- und Gemüsepflanzen enthält.

Das Pflanzmaterial

Welche Gehölzart ist empfehlenswert und in welcher Größe? Wie viele Gehölze für den laufenden Meter Grünwand sollten es sein?

Wie schon oben erwähnt, sind für private Gartengrundstücke in der Regel Laubengrößen mit einem Durchmesser zwischen 3 und 5 m ausreichend. Für diese Größe eignen sich die meisten mitteleuropäischen Gehölzarten. Die Frage, wie schnell die Laube nutzbar sein soll und wie viel Geld sie kosten darf, sind für die Auswahl der Gehölze entscheidend. Pro Laufmeter Wand benötigen wir zwischen 10 und 12 Stück bewurzelte Sämlinge, Stecklinge oder Heister.

Wenn wir kleine, 2 bis 3 Jahre alte Ahorn-, Linden-, oder Eschensämlinge bei einer Forstbaumschule kaufen, brauchen wir für eine im Durchmesser ungefähr 4 m große Laube mit geschlossenen Wänden 120 bis 150 Gehölze. Die einzelne Pflanze kostet etwa 1 Euro, d.h. die Kosten für das Pflanzmaterial liegen zwischen 120 bis 150 Euro. Wenn wir Heister einer besonders schönen, kostbaren Gehölzart, z. B. Rotahorn *(Acer rubrum)* oder Kupferbirke *(Betula albosinensis)* in einem Gartencenter kaufen, kostet ein einziger Heister der Größe 175 bis 200 cm schon mindestens um die 25,- Euro, die komplette Laube kommt folglich auf annähernd 3000 bis 4000 Euro. Gleich große Heister der heimischen Linde, von Ahorn oder Birke sind etwa um den halben Preis zu haben.

In den benötigten Mengen stehen diese Gehölze in den Gartencentern meist nicht zur sofortigen Mitnahme zur Verfügung, sondern müssen vorbestellt werden.

Auch jeder Landschaftsgärtner kann schnell Gehölze besorgen und eventuell auch pflanzen. In den meisten Baumschulen sind in der Saison viele Tausende der meisten Forstgehölze vorrätig. Lediglich die selteneren und teureren Edelgehölze müssen rechtzeitig bei spezialisierten Anzuchtsbetrieben bestellt werden.

Wer allerdings viel Zeit hat und genug Geduld aufbringt, kann die Gehölze auch selbst aussäen. Das ist natürlich mit Abstand die preiswerteste Variante, erfordert aber Fachwissen und ist bei einigen Gehölzarten nicht ganz einfach.

Um schnell eine geschlossene Wand zu erhalten, nehmen wir möglichst große Pflanzen und setzen diese so dicht wie es sinnvoll ist. Als ideal haben sich Heister in einer Größe von 175 bis 200 cm erwiesen. Diese wachsen noch immer leicht an und bei entsprechender Pflege zügig weiter. Noch ältere oder größere Gehölze bieten keine Vorteile, im Gegenteil - das Pflanzen und Flechten ist schwerer und das Anwachsen wesentlich risikoreicher. Wie schon das Sprichwort

sagt: „Alte Bäume verpflanzt man nicht". Prinzipiell kommen für die üblichen Grundstücksgrößen von Ein- oder Zweifamilienhäusern kleinkronige Bäume in Betracht.

Auf **trockenem** Standort werden vorzugsweise Arten gewählt wie:

- Hainbuche (*Carpinus betulus*, 15 – 20 m hoch),
- Weiß- oder Grauerle (*Alnus incana*, 10 – 15 m hoch),
- Wildapfel (*Malus sylvestris*, 10 m hoch),
- Wildbirne (*Pyrus communis*, 7 – 10 m hoch),
- verschiedene Birkensorten (*Betula pendula*, bis 30 m hoch, papyrifera u. a. Sorten, 10 – 20 m hoch, je nach Sorte),
- oder der aus Fernost stammende, sich bei uns aber sehr wohl fühlende Eschenahorn (*Acer negundo*, bis 25 m hoch),
- aber auch Rotahorn (*Acer rubrum*, 10 – 12 m hoch).

Für **nasse** Standorte sind geeignet:

- Weide (*Salix daphnoides*, 15 m hoch),

2.10
Einige Gehölze mit buntem Laub oder interessanter Rindenfärbung

1 Rostbartahorn (Acer rufinerve)

2 Silberbunter Eschenahorn (Acer negundo 'Variegatum')

- Roterle (*Alnus glutinosa*, 20 m hoch) und
- Moorbirke (*Betula pubescens*, 10 – 15 m hoch).

Diese Gehölze erreichen im freien Stand und bei optimaler Bodenbeschaffenheit die angegebenen Höhen, im Verband eingeflochten aber nicht.

Grundsätzlich können auch Steckhölzer verwendet werden, wie zum Beispiel Weiden der baumartigen, stammbildenden Sorten:

- Silberweide (*Salix alba*, 25 m hoch)
- Bruchweide (*Salix fragilis*, 25 m hoch),
- Reifweide (*Salix daphnoides*, 15 m hoch) und
- Lavendelweide (*Salix eleagnos*, 15 m hoch).

Auch die Steckhölzer können wir, wenn sie angewachsen sind, mit einem Trieb weiterziehen, verflechten und zur Laube formen. Die Weidensteckhölzer wachsen selbst dann an, wenn sie schon recht stark sind. Ja, ganze Stämme würden bei entsprechend tiefer Pflanzung und ausrei-

chender Bewässerung anwachsen und austreiben. Diese Technik wird gerne angewandt, um tipiähnliche oder oben offene Räume zu schaffen.

In der freien Landschaft oder in einem großen Garten- oder Parkgelände können auch großkronige Gehölze eingesetzt werden wie:

- Rotbuchen, (*Fagus silvatica*, 25 bis 50 m hoch),
- Spitzahorn (*Acer platanoides*, 18 – 25 m hoch,
- Bergahorn (*Acer pseudoplatanus*, 20 – 25 m hoch),

verschiedene Eichensorten, wie z. B.

- Stieleiche (*Quercus robur*, 20 – 25 m hoch),
- die amerikanische Roteiche (*Quercus rubra*, 18 – 20 m hoch),
- Winterlinde (*Tilia cordata*, 16 – 20 m hoch),
- Vogelkirsche (*Prunus avium* 12- 17 m hoch),

in **wärmeren** Gegenden auch die

- Platane (*Platanus x acerifolia*, 18 – 25 m hoch) sowie

2.10
Einige Gehölze mit buntem Laub oder interessanter Rindenfärbung

3 Rosabunter Eschenahorn (Acer negundo 'Flamingo')

4 Goldulme (Ulmus hollandica 'Wredei'), kleinkroniges Gehölz, formgeschnitten

* Sommerlinde (*Tilia platiphyllos*, 20 – 25 m hoch).

Die als Beispiel angegebenen großkronigen Gehölze (es gibt noch weitere) gedeihen auf fast allen Böden, lediglich der Ahorn liebt ein kalkhaltigeres Substrat.

Auf **feuchtem** Grund kommen als Großbäume nur in Frage:

* Sumpfeiche (*Quercus palustris*, 20 – 25 m hoch),
* Silberweide (*Salis alba*, 15 – 20 m hoch) sowie
* die verschiedenen Pappelarten, die alle zwischen 20 bis 25 m hoch werden.

Die großkronigen Gehölzarten lassen sich auch in kleineren Gärten verwenden, wenn sie durch entsprechende Schnittmaßnahmen klein gehalten werden. Dass dies möglich ist, sieht man ganz extrem in der Bonsaikultur, bei der Großgehölze zu winzigen, puppenhaften Gebilden gestutzt werden. Ungekürzt erreichen die Bäume im freien Stand und bei gutem Boden Höhen von 30 m und mehr, können also nur dann auf den Einfamilienhausgrundstücken üblicher Größe Verwendung finden, wenn sie entsprechend kurz gehalten werden – und der Grundstücksnachbar den Schatten und das im Herbst und Winter abfallende Laub akzeptiert.

2.11
Bäume wachsen doch in den Himmel !

Die Angaben zur Wuchshöhe in Metern sind den Baumschulkatalogen entnommen (ich habe manchmal den Eindruck, dass diese Angaben untertrieben sind, wohl um potenzielle Käufer aus dem privaten Bereich nicht abzuschrecken).

Einen Eindruck davon, (siehe unten) wie groß unsere heimischen Buchen *(Fagus silvatica)* wirklich werden können, bekommt man, wenn man die „Heiligen Hallen" aufsucht, ein Waldgebiet in Mecklenburg-Vorpommern. Dort stehen in der Nähe der Feldberger Seenplatte 350 Jahre alte Rotbuchen, die im Laufe der Jahrhunderte einen Stamm von über 50 m Höhe gebildet haben. Das ganze Waldgebiet steht wegen dieser großen, alten Bäume unter Naturschutz. Die gewaltige Wuchskraft dieser Bäume lässt erahnen, welche imposanten Naturbauten mit einer solchen Gehölzart möglich sind.

Nicht zuletzt ist bei der Entscheidung für eine bestimmte Gehölzart auch zu beachten, dass jedes Gehölz eine ganz eigentümliche Sphäre, eine ganz eigene Aura hat. Jede Baumart hat auch eine eigene symbolisch-spirituelle Bedeutung. Eine Frau, die sich öfter in den Lauben im Kreislehrgarten Bad Grönenbach (siehe S. 6 ff) aufhält, um dort zu lesen oder zu meditieren, meinte, dass sie in der Hainbuchenlaube eine andere Empfindung habe als in der Ahornlaube. Es ist daher zu empfehlen, sich auch einmal mit den besonderen Wirkungen einzelner Baumarten zu beschäftigen.

3 Die Pflanzung

Die Laube wird, wie schon erwähnt, ähnlich gepflanzt wie eine Hecke. Soll sie in eine Rasenfläche eingebunden werden, wird als erstes der (möglichst kurzgeschnittene) Rasen in der Breite des Pflanzgrabens mit Spaten oder Widehopfhaue abgestochen und flach abgeschält (4 – 5 cm tief).

Den Rasensoden legen wir beiseite. Er wird noch als Gießrand benötigt, wenn die Pflanzen gesetzt und eingeschlämmt sind. Er wird dann anders herum, d.h. mit der Wurzel nach oben, auf beiden Seiten am Grabenrand ausgelegt, was für ein paar Wochen die Nahrungs- und Wasserkonkurrenz der seitlichen Gräser verhindert.

Nun wird der Pflanzgraben entsprechend der Größe des Wurzelwerks der einzupflanzenden Heister, d.h. etwa ein bis eineinhalb Spaten breit (ca. 25 – 35 cm) und ebenso tief ausgehoben. Der Graben sollte gerade so breit und tief sein, dass er die gesamte Wurzel aufnehmen kann. Die Wurzelenden dürfen sich beim Einstellen der Gehölze in den Graben nicht nach oben richten. Zu breit sollte der Graben allerdings auch nicht sein, damit die Pflanze beim Aufstellen und Ausrichten am Grabenrand noch etwas Halt findet. Nur bei zu sehr verdichtetem oder schlechtem, magerem Boden macht es Sinn, ihn zum Zwecke der Bodenlockerung und Bodenverbesserung großräumiger auszuhe-

3.01 (oben links) Wiedehopfhaue markiert den Pflanzgraben

3.02 (oben rechts) Mit dem Spaten wird der Rasen in der Breite des vorgesehenen Pflanzgrabens flach abgeschält

3.03 (unten links) Der Rasensoden wird für den Gießrand gebraucht

3.04 (unten rechts) Der Rasensoden wird mit den Wurzeln nach oben auf beiden Seiten des Pflanzgrabens gelegt

3.05 links
Gießrand um einen
gepflanzten zukünfti-
gen Stuhl herum

3.06 rechts
Der Pflanzgraben
sollte fertig ausgeho-
ben und vorbereitet
sein, wenn die Pflan-
zen aus dem schatti-
gen Einschlag oder
aus der Baumschule
geholt werden

ben. Der Graben darf nur so tief ausgehoben werden, dass der Wurzelhals (der Übergang von Wurzel zum
Stamm) nicht zu tief ins Erdreich gerät (die obersten Wurzeln sollten zum
Schluss nur ganz leicht mit Boden bedeckt sein).

Als nächstes wird die Grabensohle
aufgelockert und Komposterde oder
ein wenig Hornspäne eingearbeitet.
Der Grabenaushub wird zerkleinert
und auch mit organischem Mineraldünger – noch besser mit gut verrot-
tetem Kompost – vermischt. Insge-
samt dürfen nicht mehr als 40 bis 50
Gramm Dünger pro Laufmeter Graben ausgebracht und eingearbeitet
werden. Sehr lehmige Böden können
mit etwas Sand und Torf lockerer und
damit wasser- und luftdurchlässiger
gemacht werden.

Erst unmittelbar vor dem Pflanzen
holen wir die Pflanzen aus der Baumschule, denn dort werden sie in Kühl-
häusern optimal feucht und schattig
gelagert. Hat man sie doch schon früher beschaffen müssen, werden sie an
einem windstillen, möglichst schattigen Platz im Garten eingeschlagen.
Einschlagen bedeutet, dass die Wurzeln der Gehölze erst einmal vorüber-
gehend mit Erdreich bedeckt werden,
bis die Gehölze ihren endgültigen

Platz finden. Die zumeist zu 5 oder zu
10 Stück gebündelten Gehölze werden
dann bundweise, besser aber einzeln,
dicht in den vorher ausgehobenen
Graben gesetzt, mit lockerer Erde abgedeckt und eingeschlämmt. Es ist
vernünftig, wenn bei dieser Gelegenheit bereits die Wurzeln zurückge-
schnitten und alle Seitentriebe entfernt werden.

Bei der Erstellung der Flechtwände
kommt es darauf an, dass möglichst
alle Gehölze anwachsen. Auf eine
sorgsame Behandlung der Stämmlinge
vor und während der Pflanzarbeit ist
zu achten! Jede einzelne Pflanze sollte
schon bei der Beschaffung kritisch
betrachtet werden. Schwache, küm-
mernde oder irgendwie beschädigte
Gehölze sind auszusortieren. Auch
wenn das Masseverhältnis zwischen
Wurzel und den oberirdischen Pflan-
zenteilen nicht ausgeglichen, also die
Wurzelmasse im Verhältnis zu Stamm
und Ästen zu klein ist, wird die Pflanze nicht verwendet (Abb. 3.07).

Will man sicher gehen, dass alle
Pflanzen anwachsen, zieht man sie vor
der Verwendung als Laubenbestandteil
erst einmal für ein Jahr in gutem Erdreich vor und gräbt sie erst unmittelbar
vor dem Pflanzen so vorsichtig aus,
dass noch ein Erdkern in den Wurzeln

hängen bleibt. Dies ist vor allem bei den Hainbuchen wichtig, deren Feinwurzelsystem auf die Symbiose mit bestimmten Pilzen (den sogenannten Mykoritzen) angewiesen ist.

Es ist für das Anwachsen des Gehölzes hilfreich, wenn es in der gleichen Himmelsrichtung eingepflanzt wird, in der es zuvor angewachsen war. Dies gilt ganz besonders für Nadelgehölze, erleichtert es nach meiner Erfahrung aber auch den Laubgehölzen, sich schneller zu orientieren. Für die Pflanzen haben die unterschiedlichen Himmelslichter und Himmelsrichtungen eine viel stärkere Bedeutung, als wir uns das gemeinhin vorstellen!

Während der Pflanzarbeiten, insbesondere wenn sie etwas länger dauern, dürfen die Wurzeln der Gehölze grundsätzlich niemals längere Zeit dem Sonnenlicht oder scharfen, austrocknenden Winden ausgesetzt sein. Einige alte, angefeuchtete Leinensäcke oder ähnliches sind hilfreich, um die Wurzeln der ausgelegten Pflanzen abzudecken. Dennoch sollte es bei den Pflanzarbeiten zügig vorangehen.

3.07 Das richtige Mengenverhältnis Wurzel - Stamm
1 *Die Wurzelmasse ist bei diesem Gehölz nicht ausreichend. Die Pflanze entspricht nicht den Gütebestimmungen für Baumschulpflanzen.*
2 *Die Wurzelmasse ist ungleich, einseitig zu gering und entspricht nicht den Gütebestimmungen für Baumschulpflanzen. Besonders sollte darauf geachtet werden, dass einzelne Wurzeln nicht bis in den Wurzelhals hinein aufgerissen sind, was bei Maschinenrodungen gelegentlich vorkommt.*
3 *So ist es richtig: Die Wurzelmasse ist ausreichend und entspricht den Gütebestimmungen für Baumschulpflanzen. Der Rückschnitt unten an der Wurzel und oben am Stämmling ist angedeutet.*
4 *Heister nach dem Schnitt. Die kurzen Spieße am oberen Leittrieb regen den Saftfluss bis in die obersten Pflanzenteile an. Erst im Sommer, wenn sie kleinere Nachbarpflanzen bedrängen, werden sie abgeschnitten .*

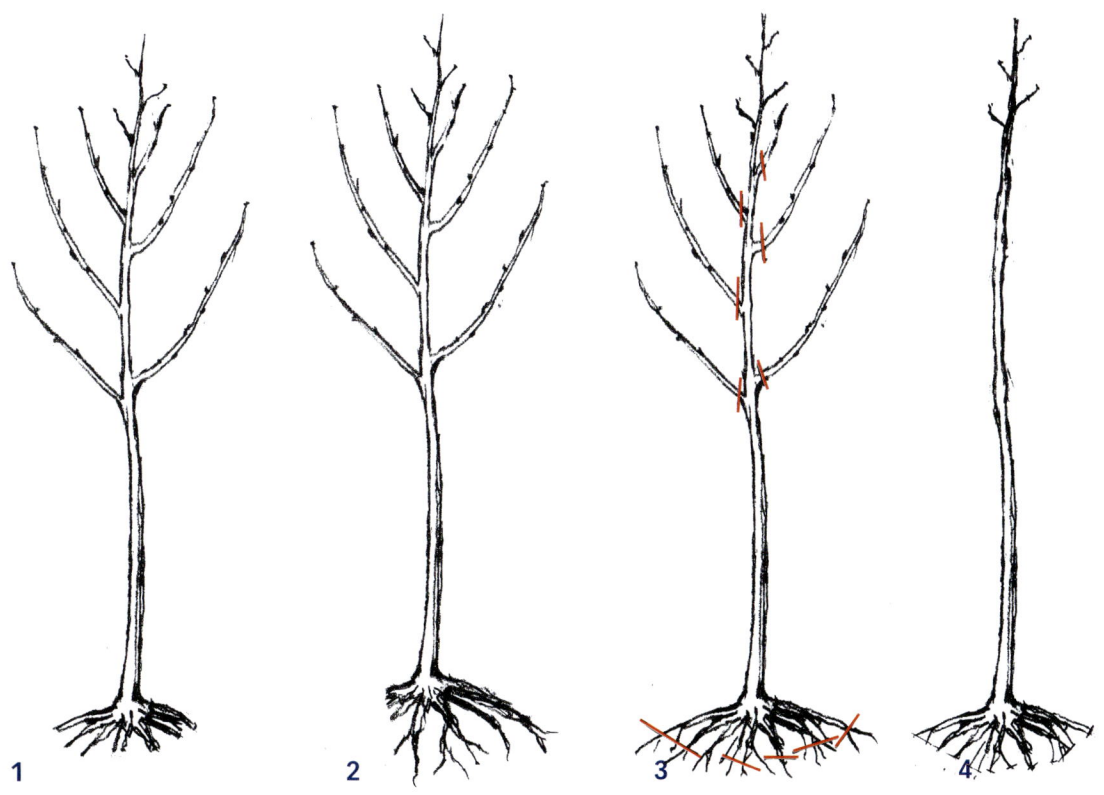

1   2   3   4

Die richtige Pflanzzeit ist das zeitige Frühjahr (ab März bis spätestens Mitte April). Das beste Pflanzwetter ist dann, wenn es bewölkt, feucht und nicht zu kalt ist. Temperaturen zwischen 9 und 12°C sind ideal. Zunächst nehmen wir die schattig gelagerten oder eingeschlagenen Pflanzen und sortieren sie nach Größe. Wenn nicht schon beim Einschlag geschehen, müssen nun alle Seitentriebe entfernt und die Wurzeln zurück- und/oder angeschnitten werden. Das Anschneiden der Wurzeln fördert die Bildung von Adventivwurzeln (siehe S. 16). Nur mit diesen feinen Wurzeln kann die Pflanze Nährstoffe aufnehmen.

Um die unterschiedliche Größe der Gehölze auszugleichen, pflanzen wir die stärkeren Gehölze auf die vom Licht weniger verwöhnten Nordseite der geplanten Laube und die etwas schwächeren auf die vom Licht bevorzugte Südseite.

Beim Einpflanzen ist es sinnvoll, so vorzugehen, dass abschnittsweise jeweils etwa 15 bis 20 nach Größe sortierte Pflanzen am Grabenrand entlang ausgelegt und dann schnell eingepflanzt werden. Für eine dichte Grünwand werden 10-12 Heister, für lichtere Strukturen 6 - 8 Heister pro

laufenden Meter Pflanzgraben benötigt. Wir beginnen mit der Pflanzung der Flechtwand dort, wo eine Gebäudeöffnung vorgesehen ist. Das erste, den Wandabschluss oder Türpfosten bildende Gehölz wird senkrecht in den Graben gestellt. Da es durch die senkrechte Stellung bevorzugt ist, suchen wir dafür ein etwas schwächeres Gehölz aus. Alle weiteren Gehölze bilden ein Rautenmuster. Dazu wird nun im Wechsel je ein nach links und ein nach rechts geneigtes Stämmchen in den Pflanzgraben gestellt und jeweils das Gehölz im Wechsel über- und untereinander verflochten, das in die Richtung des bereits hergestellten Verbandes geneigt ist. Daraus ergibt sich ein schön gleichmäßiges Stämmchengeflecht. Die Wurzeln stehen dicht beieinander und überkreuzen sich bereits am Wurzelhals im Pflanzgraben. Bei dieser Arbeit ist es sehr hilfreich, wenn ein oder zwei Helfer zur Hand sind. Eine Person holt nach und nach die am schattigen Lagerplatz vorbereiteten Pflanzen, die andere Person hält die jeweils letzten in den Graben gestellten Gehölze etwas fest und hilft beim Ausrichten, bis die Wurzeln wieder mit Erde bedeckt und durch leichtes Antreten befestigt sind.

Durch das Verflechten entsteht eine selbsttragende, jägerzaunähnliche Struktur, bei der ein zusätzliches Fixieren durch Binden oder Klemmen nicht erforderlich ist. Das in der Abb. 3.10 aus dem Geflecht nach rechts heraus geneigte einzelne Gehölz hat zwar vorerst noch keinen Halt, bekommt diesen aber, sobald das nächste Heisterpaar in den Pflanzgraben gestellt und verflochten worden ist.

Stehen 6, 8 oder 10 Gehölze geordnet im Graben, decken wir die Wurzeln mit etwas lockerem Boden von

3.08
Das Pflanz- und Flechtschema. Im abgebildeten Beispiel wird der jeweils linke Heister in das Geflecht eingeklemmt

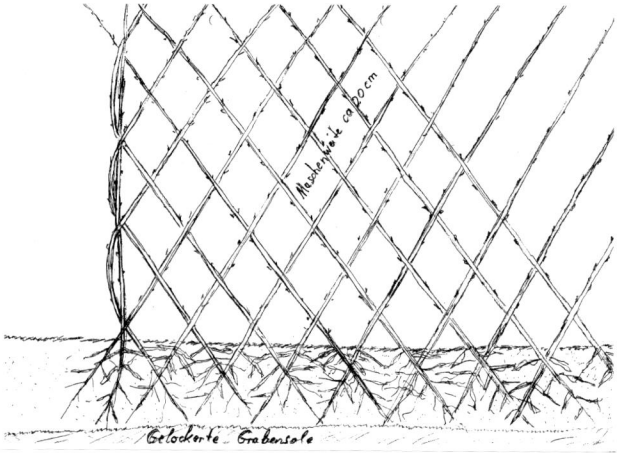

beiden Seiten ab und richten die bis dahin noch am Grabenrand abgestützten Pflanzen auf. So verfahren wir weiter, bis wir am Ende eines Wandabschnittes angekommen sind. Erst wenn alle Pflanzen gesetzt und ausgerichtet sind, wird der Graben mit dem gelockerten, leicht gedüngten bzw. mit Kompost oder anderen bodenverbessernden Mitteln versehenen Oberboden zu drei Viertel verfüllt. Die lockere Erde wird nun mit viel Wasser in die Hohlräume zwischen die Wurzeln eingeschlämmt, am besten aus einem Wasserschlauch mit relativ scharfem Strahl.

Haben durch diese Maßnahme alle Wurzeln gehörigen Kontakt zum Bodensubstrat bekommen, bringen wir die restliche Erde auf die Wurzeln oben auf, richten die Pflanzen noch einmal auf und aus und verdichten den Boden etwas durch leichtes Antreten. Der oben aufgebrachte, lockere Boden verhindert die sonst eintretende Kapillar- oder Haarröhrchenbildung und damit das vorzeitige Austrocknen des unteren Erdsubstrates, in dem unsere Pflanzen mit ihren Wurzeln stehen.

Wenn alles eingeebnet ist, legen wir die vorher abgeschälten Rasensoden umgekehrt (d.h. mit dem Grün nach unten) am Grabenrand entlang aus, um einen Gießrand zu bilden. Durch diese Maßnahme soll das Wasser daran gehindert werden, oberirdisch abzufließen statt in das Erdreich einzusickern. Sollte der Rasensoden für die Ausbildung des Gießrandes nicht ausreichen, wird auch noch ein Teil der gelockerten Erde dazu genommen. Nun überlassen wir alles der Pflanze selbst, der Mutter Erde und den Kräften der Natur: Sonne, Regen und den warmen oder erfrischenden Lüften.

3.09 Hainbuchenheister vor dem Andecken mit Boden

3.10 Pflanzaktion grünes Klassenzimmer aus Sommerlinde (Tilia platyphyllos). Das einzelne Gehölz rechts bekommt Halt, sobald das nächste Heisterpaar in den Pflanzgraben gestellt und verflochten ist

3.11
Hier entsteht eine einfache, kreisrunde Lindenlaube aus 80 Heistern

Die erste Vegetationsperiode

Frühjahr

Wenn wir alles richtig gemacht haben und das Wetter mitspielt, sind nach ein paar Wochen fast alle Pflanzen angewachsen und treiben zum Teil auch schon unterschiedlich kräftig aus. Was ist nun zu tun?

Als erstes prüfen wir, ob es einzelnen schwächeren Gehölzen zu eng wird. Wichtig ist vor allem die Situation an den oberen Triebspitzen der Gehölze. Eng wird es da, wo die stärkeren Gehölze mit ihrem Laub und ihren neu gebildeten Seitentrieben den schwächeren zu viel Licht wegnehmen. Bei ausreichendem Feuchtigkeits- und Nährstoffangebot bilden sich schon im ersten Jahr im oberen Bereich Seitentriebe aus. Diese schneiden wir bei den großen Pflanzen ab oder kürzen die Triebe bis auf ein oder zwei Blätter ein. Bei den schwächeren Gehölzen lassen wir die Seitentriebe bis auf die frischen Spitzen wachsen, um ihnen zu stärkerem und kräftigerem Wachstum zu verhelfen. Je mehr Blätter wir der einzelnen Pflanze lassen, desto mehr Wurzelmasse kann sie im Boden aufbauen. Wir kneifen daher lediglich die Spitzen der Seitentriebe ab, damit das Hauptwachstum in der oberen Triebspitze verbleibt.

Bei großblättrigen Gehölzarten wie Sommerlinde und bei einigen Ahornarten kann es sogar erforderlich sein, einzelne Blätter zu entfernen. Immer dann, wenn schwächere Pflanzen zu sehr beschattet sind, entfernen wir in dem Bereich oberhalb der Triebspitze des schwächeren Gehölzes die großen Blätter des vorauseilenden starken Triebes.

Sind einzelne Gehölze im Vergleich zu den anderen Pflanzen unverhältnismäßig stark im Wuchs, können wir das korrigieren, indem wir diese stärker als die anderen herunterbinden, d.h. in die Schräglage bringen. Zusätzlich entfernen wir auch im unteren Bereich einen Teil des Laubes.

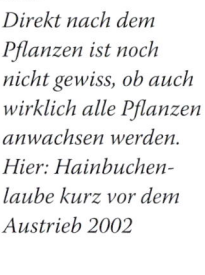

3.12
Direkt nach dem Pflanzen ist noch nicht gewiss, ob auch wirklich alle Pflanzen anwachsen werden. Hier: Hainbuchenlaube kurz vor dem Austrieb 2002

Sommer

Es versteht sich von selbst, dass wir bei längeren Trockenperioden fleißig den Wasserschlauch zur Anwendung bringen. „Versaufen lassen" sollten wir die Pflanzen jedoch nicht. Wie bei allem und jedem entscheidet auch hier das richtige Maß über Wohl oder Weh.

Auch nach einem Gewitterregen kann es manchmal noch erforderlich sein, zusätzlich zu gießen. Denn ein kurzer, starker Gewitterregen dringt oft nicht tief genug in den Boden ein, sondern befeuchtet nur die oberen zwei, drei oder vier Zentimeter, ohne

die tiefer liegenden Wurzeln der Gehölze zu erreichen.

Um Wasser zu sparen, können mit einer (Eisen)-Stange dicht bei den Pflanzen Löcher in den Boden gestoßen werden, in die gegossen wird. So kommt das Wasser zielgerichteter direkt den Wurzeln der Gehölze zugute, statt den umgebenden, flach wurzelnden Gräsern und Kräutern. Solange der Gießrand hoch und dicht genug ist, sind allerdings keine weiteren Maßnahmen erforderlich.

Den Sommer über, so lange die neuen Triebe noch zu frisch und krautig sind, lassen wir das Gehölz völlig in Ruhe. Erst wenn die jungen Triebe ausgereift und richtig verholzt sind, können sie verarbeitet, d.h. in fast jede beliebige Richtung und Position gelegt und befestigt werden.

Der Verholzungsprozess ist im Spätherbst zum größten Teil abgeschlossen, doch auch über den Winter lassen die zusammenziehenden Kräfte des Frostes das Holz noch fester und stabiler werden.

Herbst

Zum Herbst hin können die Gehölze nun in Ruhe den hoffentlich recht langen, frischen Trieb für das kommende Jahr ausreifen lassen. Wenn das Laub keine Assimilate zur Herstellung von Holz und Wurzelmasse mehr bilden kann, werden die im Frühsommer nur eingekürzten Seitentriebe der etwas schwächeren Gehölze bis an den Stämmling weggeschnitten.

Wichtig: Das Entfernen der Seitentriebe und grundsätzlich aller größeren Gehölzteile sollte bei den meisten Gehölzarten bereits im Herbst oder Winter erfolgen. Im Frühjahr stehen viele Gehölzarten (vor allem Ahorn)

so stark im Saftdruck, dass die Schnittstellen „ausbluten", wobei der Pflanze wertvolle Kraft und wichtige Aufbaustoffe verloren gehen! Nur ganz wenige Gehölzarten vertragen den Schnitt auch noch im Frühjahr. Dazu gehören vor allem die Obstgehölze. Buchen und Hainbuchen sind auch nicht sonderlich empfindlich, wenn man sie erst im Frühjahr schneidet.

Die ausgereiften, verholzten Stämmlinge werden nun wieder im unteren Bereich geordnet und möglichst noch vor dem Winter verflochten und mit Klammern oder Bindern fixiert. Durch das gegenseitige Stützen bekommen die einzelnen Triebe etwas mehr Halt gegen die Herbst- und Winterstürme.

Für die Flechtarbeiten ist das Laub hinderlich und sollte bereits weitgehend abgefallen sein. Die Gefahr, dass Triebe bei den Flechtarbeiten brechen, ist gering. Gelegentlich ist man versucht, einen nachgewachsenen Trieb in das Geflecht einzubinden. Dabei kann es vorkommen, dass der Trieb abbricht. Das ist weiter kein

3.13
Lindenlaube gepflanzt und gleich genutzt. Alle Gehölze sind angewachsen und treiben bereits kräftig aus

Abb. 3.14 zeigt, dass inzwischen die Gehölze der Hainbuchenlaube im oberen, noch nicht verflochtenen Bereich aus der Schräglage in die bevorzugte Senkrechte gewachsen sind. Diese müssen nun auch zu einem nach links und rechts geneigten Rautenmuster verflochten werden – freiwillig werden sie sich nicht in diese Schräglage begeben. Zum Festbinden und Fixieren benötigen wir einige Hilfsmittel, die nachfolgend aufgeführt sind.

3.14
Hainbuchenlaube im
September 2002. Nur
wenige Pflanzen sind
nicht angegangen
(siehe Abb. 3.12)

Problem, denn es lassen sich alle Lücken wieder leicht durch den nachfolgenden Aufwuchs schließen. Die gespaltene Bruchstelle schneiden wir mit einem scharfen Messer oder einer guten Gartenschere nach, damit eine möglichst glatte, kleine Wunde entsteht. Unterhalb dieser Schnittstelle bilden sich im kommenden Sommer wieder mehrere neue Triebe, von denen wir einen günstig stehenden, starken Trieb zum Weiterwachsen aussuchen und stehen lassen, während wir alle übrigen Austriebe entfernen.

Hilfsmittel zum Fixieren

Direkt nach dem Pflanzen brauchen wir nichts zu binden oder zu klammern. Dann halten sich die Pflanzen noch gegenseitig im Geflecht fest. Erst in den folgenden Wachstumsperioden richten sich die Gehölze aus der leichten Schräglage in die Senkrechte. Dann wird es erforderlich, etwas nachzuhelfen, um die Gehölze im gewünschten Flechtverband zu halten.

3.15
Fixierhilfen, von unten nach oben: Tonkinstabklammern und wie sie angebracht werden. papierummantelte Drahtstücke, verschieden große Gummibinder mit Schlaufen, Seilstück und Rolle lichtstabiles Kunststoffseil. Daneben im Bild kurze Holzstücke, die später als Knebel zum Abspannen der Dachkonstruktion benötigt wird.

Schnüre und Bänder

Schnüre oder Bänder zum Fixieren sollten möglichst dick sein, denn dann wachsen sie nicht so leicht in das Holz ein und sind einfacher wiederzufinden, wenn wir sie aufschnüren und beseitigen wollen.

Dennoch haben Schnüre und Bänder den Nachteil, dass sie relativ schnell einwachsen und damit den Saftfluss eine Zeit lang behindern. Dadurch bricht das Gehölz in diesem Bereich durch die geschwächte Bastschicht leichter ab.

Zudem ist es für eine einzelne Person fast unmöglich, die unter Spannung stehenden Gehölze gleichzeitig zu halten und zu binden. Es ist daher für diese Arbeit immer eine zweite Person erforderlich.

Damit die Bindungen unter dem dichten Laub leichter wiedergefunden werden können, empfiehlt es sich, farbiges Material zu verwenden. Stark eingewachsene Bindungen sind nur schwer zu entfernen. Aufbinden ist so gut wie unmöglich. Nur mit einem scharfen Messer oder mit einer Schere, mit denen wir bis in das Holz schneiden müssen, lässt sich die Schnur wieder entfernen. Es wachsen zwar auch die Schnüre mit der Zeit vollständig ein, sie schwächen aber die beiden zusammengebundenen Gehölzteile erheblich.

Spezialklammern

Alternativ zu Schnüren und Bändern haben sich im Handel erhältliche Spezialklammern als äußerst hilfreich erwiesen. Entwickelt wurden diese Klammern für die Floristik, um Stäbe schnell zu Gittern und Rankgerüsten verbinden zu können. Die Klammern bestehen aus gehärtetem Stahl-

draht und sind in zwei Größen lieferbar. Ich empfehle die etwas größere Ausführung, die sich sehr leicht mit einer Hand anbringen lässt.

Wer diese Klammern zum ersten Mal in die Hand nimmt, muss schon eine Weile überlegen, sie drehen und wenden, bis er herausbekommt, wie sie anzuwenden sind. Dann aber sind sie eine große Hilfe. Für eine Laube mit einem Durchmesser von 3 bis 4 m werden etwa 100 Klammern benötigt. Zu beziehen sind sie beim Gärtner- und Floristenbedarfshandel oder bei Konstantin Kirsch (Schulstraße 1, D-36214 Bauhaus. Tel.: 06627/91530; Internet: www.naturbauten.com).

Im Hochsommer, wenn das Dickenwachstum am stärksten ist, sollten diese Fixierhilfen dort wieder entfernt werden, wo sie nicht unbedingt erforderlich sind. Meist bleiben die Gehölze nun in der bis dahin eingenommenen Stellung stehen, weil sie von den inzwischen fester gewordenen Blattachsen und Seitentrieben am Verrutschen gehindert werden. Zu diesem Zeitpunkt müssen die Gehölze auch noch nicht ganz exakt in ihrer endgültigen Position sein.

Auch die Spezialklammern sollten entfernt werden, doch macht es den Gehölzen weniger aus, wenn dies nicht geschieht. Sie wachsen vollständig ein und sind nach wenigen Jahren nicht mehr zu sehen.

Geflochten und fixiert werden die schlanken Stämmlinge aber nicht bis in die Spitzen. Die obersten Triebspitzen sollten sich auch seitlich etwas bewegen können, damit möglichst viel Licht für das Wachstum zur Verfügung steht und aufgenommen werden kann.

3.16
Spezialklammern am Kreuzungspunkt

Papierummantelter Draht

Eine weitere, noch kostengünstigere Lösung ist die Verwendung von schon zugeschnittenen, papierummantelten Drähten. Bei den Firmen Manufactum (www.manufactum.de) und Meyer (www.hermann-meyer.de) z.B. sind für knapp 10 Euro über 800 recht stabile, 18 cm lange, mit Papier ummantelte Drahtstücke erhältlich. Sie lassen

farbig, sondern in grau gehalten. Das erschwert ein wenig das spätere Auffinden, um sie lösen und entfernen zu können, wenn sie ihre Funktion erfüllt haben. Sie lassen sich übrigens wiederverwenden.

Kabelbinder

Ebenfalls eine kostengünstige und praktische Fixierhilfe, die sich auch allein leicht anbringen lässt, sind Kabelbinder aus Kunststoff, wie sie im Elektrohandwerk benutzt werden, um Kabelstränge zusammenzuhalten. Diese gibt es in verschiedenen Längen/Größen und Farben. Das Entfernen der ziemlich stabilen und harten Kabelbinder ist allerdings nicht ganz einfach. Das Messer oder die Schere muss schon sehr scharf sein, um sie aufschneiden zu können.

3.17
Ummantelter Draht
zur Fixierung

3.18 (links unten)
Farbige Kabelbinder
sind leicht wiederzufinden

3.19 (rechts unten)
Farbige Kabelbinder
am Kreuzungspunkt

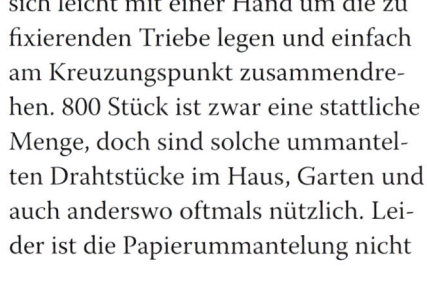

sich leicht mit einer Hand um die zu fixierenden Triebe legen und einfach am Kreuzungspunkt zusammendrehen. 800 Stück ist zwar eine stattliche Menge, doch sind solche ummantelten Drahtstücke im Haus, Garten und auch anderswo oftmals nützlich. Leider ist die Papierummantelung nicht

Gummibänder

Wie schon oben erwähnt, hat jede Art der zwangsweisen Fixierungen, egal ob mit Klammer, Schnur oder Binder den Nachteil, dass diese Hilfsmittel durch das rasche Dickenwachstum in das Gehölz einwachsen. Das Gehölz ist dann an dieser Stelle geschwächt

und jede Belastung durch sehr starke Winde oder durch den Druck beim weiteren Formen und Flechten kann leicht zum Bruch führen. Da wir in den meisten Fällen beim ersten Flechten noch keine feste Verbindung zwischen den Gehölzen brauchen, sondern sie nur in einer bestimmten Position halten möchten, ist eine flexible, dehnbare Haltevorrichtung völlig ausreichend. Dafür sind elastische Gummibänder mit Schlaufen zu empfehlen, wie sie in Baumschulen zum schnellen Stäben und Binden verwendet werden. Wer einmal damit gearbeitet hat, verwendet diese leicht zu handhabenden Fixierhilfen immer öfter. Auch sie sind bei K. Kirsch (www.naturbauten.com) zu beziehen.

Alle diese Fixierhilfen sollten natürlich entfernt werden, noch bevor sie einwachsen. Spätestens vor jeder neuen Schneid-, Flecht- und Formaktion im Herbst empfiehlt sich, alle Klammern, Binder und Schnüre aufzuspüren und zu lösen. Es ist zwar kein großer Schaden, wenn solche Teile einwachsen, aber es ist besser, wenn die Gehölze sich ohne Einschnürung oder Abklemmung weiter entfalten können.

Wässern und Düngen

Wässern

Das Wässern der Gehölze ist vor allem im ersten Sommer sehr wichtig. Doch auch in der zweiten, dritten und jeder weiteren Vegetationsperiode ist es hin und wieder erforderlich, gründlich zu wässern. Durch die Ausbildung eines Gießrandes (siehe S. 35) gleich bei der Pflanzung ist das Wässern zumindest im ersten Jahr schnell und gezielt auch mit einem - nicht zu starken - Wasserstrahl geschehen. Aber auch ohne Gießrand erhält die Pflanze die erforderliche Wassermenge, wenn wir eine Beregnungsanlage oder einen einfachen Rasensprenger in die Mitte des Bäumchenkreises stellen. Die nicht unerhebliche Wassermenge, die für eine durchdringende Wässerung nötig ist, kann auf diese Weise über eine oder mehrere Stunden langsam dem Wurzelbereich der Pflanzen zugeführt werden. Der Beregnungsbereich handelsüblicher Rasensprenger reicht zwar meist weit über unseren Bäumchenkreis hinaus. Doch durchdringt nur ein kleiner Teil des Wassers das anhaftende Laub. Das meiste Wasser tropft vom Laub ab und genau

3.20 (unten links) Unterschiedlich lange Gummibänder als Fixierhilfen

3.21 (unten rechts) Gummiband am Kreuzungspunkt

an die Stelle, an der die Pflanze das Nass braucht, nämlich in ihrem Traufbereich. Dort kann die Pflanze mit ihren feinen Adventivwurzeln das Wasser und die Nährstoffe aufnehmen. Ob eine gründliche Wässerung überhaupt notwendig ist, hängt von der Art der Gehölze ab. Zu viel Wasser schadet z.B. Weiden und Erlen kaum, Buchen, Hainbuchen und Ahornbäume können hingegen leicht zu viel bekommen und „versaufen". Diese Gehölzarten benötigen für ihre Wurzeltätigkeit ausreichend Sauerstoff im Boden.

Die mineralische Zusammensetzung des Erdreichs und damit die Bodenverhältnisse selbst spielen bei der Bewässerung eine große Rolle. In sandigen, lockeren Böden kann mit zu viel Wasser kaum Schaden angerichtet werden, im lehmhaltigen Boden aber sehr wohl, besonders, wenn dieser vorher durch schwere Baufahrzeuge oder Traktoren verdichtet wurde. Dieses Problem kommt oft bei neu bebauten Grundstücken vor, wenn nach den Bauarbeiten die Bodenverdichtungen nicht durch Aufreißen mit einer Raupe oder einem Bagger und tiefgehendem Dorn (ca. 60 - 100 cm)

beseitigt wurden. Meist wird nur schnell ein wenig Oberboden aufgelegt, abgezogen und eingesät. Die Baufamilie wundert sich dann, wenn der Rasen nicht richtig wächst und sich an nassen Stellen Moos bildet.

Auch die geographische Lage spielt bei der Bewässerung eine Rolle: In Senken, in denen der Grundwasserspiegel sehr hoch ist, kann es auch bei sandigem Boden zur Vernässung kommen, während in abschüssigem Gelände oder auf Kuppen auch das Bewässern lehmhaltiger Böden keine großen Probleme macht, da überschüssiges Wasser relativ schnell wieder abfließen kann.

Während der ersten Vegetationsperiode wird es bei anhaltender Trockenheit im Hochsommer wahrscheinlich erforderlich sein, gründlich zu wässern. Dabei sind pro Baum und Wässerung bis zu 80 l Wasser notwendig, d.h. je nach Witterungsverlauf und Bodenverhältnissen können bis zu 10 solcher Wässerungen erforderlich werden. Zwar würden unsere Pflanzen mit weniger Wasser nicht gerade vertrocknen und eingehen, doch wollen wir ja möglichst schnell unser Ziel – eine lebende Laube – erreichen. An dieses Ziel kommen wir umso eher, je besser unsere Pflanzen mit Wasser und Nährstoffen versorgt sind.

Neben einer ausreichenden Wasserzufuhr ist für das sichere Anwachsen der Gehölze und ein zügiges Entfalten der Naturkräfte auch eine optimale Versorgung mit Nährstoffen wichtig, die nachfolgend beschrieben wird.

Das Düngen

Da die Pflanze in den ersten Jahren noch nicht über ein weit ausgreifendes Wurzelsystem verfügt, müssen

3.22
Rasensprenger, am besten angeschlossen an einen Regenwasser-Sammelspeicher, sind die einfachste Möglichkeit, den Gehölzen ausreichende Wassermengen zukommen zu lassen

wir den Gehölzen die erforderlichen Nährstoffe in Form von handelsüblichen Volldüngern oder durch Gaben nährstoffreicher Komposterde zuführen.

Bei Gaben nährstoffreicher Komposterde geschieht die Düngung ausschließlich durch die im Kompost befindlichen, von den Bodenbakterien, den Pilzen, Käfern und Würmern erzeugten Rest- oder Abfallprodukten. Das Bodenleben schließt dem Gehölz die aus verrotteter organischer Substanz entstehenden Nährstoffe auf. Durch die Zugabe von Kompost wird auch das gesamte umliegende Erdreich belebt, die Struktur des Bodens wird gelockert und das sogenannte Pufferungsvermögen (die Fähigkeit des Bodens, den Wasser- und Luftgehalt sowie den pH-Wert konstant zu halten) deutlich erhöht. Denn die Bakterien und Pilzmyzele bilden sogenannte Bodenkolloide, die ein hohes Aufsaugvermögen haben. Sie binden den Humus an Ton und Sand und lassen feine Bodenpartikel entstehen, welche den Austausch von Wasser und Sauerstoff fördern. Dies ist die beste Form der Düngung, nicht nur für unsere Gehölze. Leider ist nicht überall und immer ausreichend Kompost vorhanden. Dann müssen wir zum Kunstdünger greifen.

Handelsübliche Volldünger sind in verschiedenen Ausführungen erhältlich. Es gibt sie als schnellwirkende (schnellfließende) oder langanhaltend und langsam wirkende (langsamfließende) Dünger in mineralischer und organischer Form. Bei Mineraldünger werden die leichtlösbaren Wirkstoffe, wie z.B. Stickstoff, künstlich mit hohem Energieaufwand an Trägersubstanzen (Mineralien) gebunden und stehen der Pflanze, sobald diese im Wasser aufgelöst sind, unmittelbar zur Verfügung. Bei den organischen Düngern müssen die meisten Wirkstoffe erst durch einen etwas länger dauernden Umsetzungsprozess durch das Bodenleben für die Pflanze aufgeschlossen werden. Es gibt aber auch Kombinationen aus beiden Düngerarten. In diesen wirkt der Mineraldünger sofort, während der Anteil an organischem Dünger erst nach und nach abgegeben wird.

Um unbeabsichtigtes Überdüngen auszuschließen, empfiehlt es sich, grundsätzlich solche Kombinationsdünger oder besser nur organische Dünger und Kompost einzusetzen. Da die Pflanze den Dünger nur in wassergelöster Form aufnehmen kann, ist es ratsam, den Dünger vor einem erforderlichen Wässerungsgang auszubringen.

Im Pflanzjahr selbst brauchen wir noch nicht zu düngen, denn wir haben ja beim Pflanzen schon etwas Dünger unter die Pflanzerde gemischt. Erst im darauf folgenden 2. Jahr sollten Düngergaben bis maximal 20 g pro Gehölz erfolgen. Das sind immerhin, bezogen auf einen Bäumchenkreis von z.B. 100 Pflanzen,

3.23
Lindensämlinge, zweijährig. Das satte Blattgrün lässt auf eine optimale Nährstoffversorgung schließen

schon 10 kg Dünger. In den Folgejahren kann die Düngergabe allmählich um 50 bis 100% erhöht werden. Die Düngermenge verteilen wir weitflächig (etwa 1 - 1,5 m und ab der 3. Vegetationsperiode 1,5 - 2,5 m) um den Bäumchenkreis herum und in den Kreis hinein.

Die Wurzeln sollen möglichst weit ausgreifend nach Nährstoffen suchen. Wird der Dünger direkt an der Wurzel ausgebracht, hat die Pflanze keine Veranlassung, in der weiteren Umgebung des Erdreiches nach Nahrung und Wasser zu suchen, was in der Konsequenz schon bei kurzfristiger Trockenheit zu Mangelerscheinungen führt.

Um zu verhindern, dass die Nähstoffe des Düngers von den - überwiegend in der Oberfläche wurzelnden - Gräsern und Kräutern verbraucht werden, bevor etwas davon an die Wurzeln unserer Gehölze gelangt, können mit einer Eisenstange etwa 20 bis 30 cm tiefe Löcher in den Boden gestoßen werden, in die jeweils eine kleine Handvoll unseres Düngers eingestreut wird. Die tiefergehenden Wurzeln unserer Gehölze finden dieses „Futter" sehr schnell.

Wichtig ist, dass auch diese Düngerlöcher sich dort und darüber hinaus befinden, wo bei normalen Wuchsverhältnissen die Seitentriebe der Gehölze enden: Dadurch werden die Wurzeln angeregt, möglichst weitausgreifend nach Nährstoffen zu suchen. Das bedeutet, dass im Stadium der 2. und 3. Wachstumsperiode die Dünger-Löcher also etwa 1,5 bis 2 m vom Stamm entfernt angebracht werden. In diese Löcher kann auch noch etwas Komposterde zur ergänzenden Nährstoffversorgung gegeben werden.

Eine andere Möglichkeit, die Gehölze mit Nährstoffen zu versorgen, besteht in der sogenannten *Tiefenvorratsdüngung*. In der professionellen Baumpflege wird eine solche Leistung angeboten. Dabei wird mit einem Kompressor über eine Bodenlanze, die vorher in das Erdreich getrieben wurde, mit hohem Druck Luft und spezieller Baumdünger unter die Oberbodenschicht eingebracht. Dadurch wird sowohl eine Lockerung und Belüftung verdichteter Böden als auch eine lang anhaltende Düngung erreicht. Eine solch kostenaufwendige Maßnahme macht aber wohl nur im öffentlichen Bereich Sinn, wo sie im größeren Ausmaß eingesetzt werden kann und eventuell auf privaten Grundstücken, die durch Baumaschinen und Baufahrzeuge derart verdichtet sind, dass die Gehölze Schaden nehmen würden.

Der Einsatz von Mulchmaterial

Hackschnitzel, Rinden- oder Strohmulch in einer Schicht flach auf dem Oberboden verteilt, können die Bodenfruchtbarkeit verbessern, ähnlich wie Kompost (der aus der Umsetzung solcher Materialien durch das Bodenleben entsteht).

Die Mulchdecke aus organischen Materialien verhindert nicht nur die Verdunstung der Bodenfeuchtigkeit, sie aktiviert auch das Bodenleben. Zum Bodenleben gehört die Tätigkeit der Bakterien, Pilze, Würmer, Käfer und dergleichen, die organische Substanzen zersetzen und dabei die Nährstoffe für die Pflanzen aufschließen. Ihre Aktivität erzeugt Wärme, wodurch wiederum die Wurzeltätigkeit und die Nahrungsaufnahme der Ge-

hölze gefördert werden. Eine derart wichtige nachhaltige Wirkung entsteht ganz natürlich auch dann, wenn die Pflanzen im Herbst Laub und trockene Äste abwerfen. Leider treibt uns unser oft übertriebener Ordnungssinn dazu, diese wichtigen organischen Stoffe mit dem Besen oder Laubrechen zu beseitigen.

Indem wir organische Mulchmaterialien in einer gleichmäßigen Schicht über den Wurzelbereich verteilen, können wir den Nährstoffverlust wieder ausgleichen. Auch der beim Mähen anfallende Grasschnitt und anderes, zur Kompostierung vorgesehene Material kann dafür eingesetzt werden. Das in Verrottung übergehende Material darf allerdings nicht zu dick (über 10 cm) direkt an den Wurzelhals der Gehölze angefüllt werden. Denn die Temperatur des Materials kann durch die Tätigkeit des Bodenlebens in feuchtwarmen Sommermonaten bis über 60°C ansteigen und dabei die Pflanzen schädigen, die am Wurzelhals sehr empfindlich sind.

Wird die gesamte Fläche im Bereich der Laube innen und außen 3 bis 5 cm dick mit Rindenmulch oder Hackschnitzeln abgedeckt, vermögen Grä-

3.25
Der mit Hackschnitzeln bedeckte Boden lässt auch noch nach Jahren kaum Wildkräuter durchwachsen

ser und Kräuter diese Schicht kaum noch zu durchdringen. Alle Nährstoffe stehen dadurch allein unseren Gehölzen zur Verfügung.

Für die Umsetzung von sehr holzigem Material wie Hackschnitzel, verbraucht das Bodenleben mehr Stickstoff als es freisetzt. Wir streuen diese Fläche mit ca. 50 g Dünger pro Quadratmeter zusätzlich ab. Empfehlung für den Kauf des Düngers: Der Stickstoffanteil (N = Nitrogenium) sollte möglichst hoch sein (mindestens 9%). Angaben dazu sind auf den Verpackungen aller handelsüblichen Dünger-

mischungen zu finden, im Zweifelsfall hilft der Fachverkäufer weiter.

Ist das Mulchmaterial nach zwei bis drei Jahren weitestgehend verrottet, sollte etwas gekalkt werden. Kalken (am besten in Form von Dolomitkalk) erhöht die Bodenfruchtbarkeit, senkt den pH-Wert und verhindert dadurch die Ausbreitung von Pilzkrankheiten. Rindensubstrat verrottet besonders langsam. Deshalb wird dieses Material auch gerne als obere Lage im Wegebau bei Gartenanlagen benutzt. Die Oberfläche ist fest, sauber und bietet sogar leichten Gartenmöbeln ausreichenden Halt.

Die zweite Vegetationsperiode

3.26
Hainbuchenlaube: Der Zuwachs in der 2. Vegetationsperiode ist beträchtlich. Die gesamte Kraft der Pflanze kommt einem einzigen Trieb zugute. Das erklärt das enorme Längenwachstum und die ungewöhnlich schnelle Entwicklung der Laube.

Frühjahr

Wenn die Flechtarbeiten nicht im zurückliegenden Spätherbst oder an milden Wintertagen erfolgt sind, so sollte dies spätestens im zeitigen Frühjahr nachgeholt werden, noch bevor sich die Knospen öffnen.

Sind mehrere Pflanzen im Verbund ausgefallen – was bei gutem Pflanzmaterial, richtiger Pflanzvorbereitung, Wässerung und Düngung eigentlich

nicht vorkommen sollte – werden diese bis spätestens April nachgepflanzt. Muss nur eine einzelne Pflanze ersetzt werden, wird die Lücke besser durch einen aus der Basis herauswachsenden Seitentrieb geschlossen, da durch das Aufgraben im Wurzelbereich der Schaden für die angrenzenden Pflanzen oft groß ist.

Von den an der Basis herauswachsenden neuen Trieben, die wir normalerweise abgeschnitten hätten, lassen wir möglichst den Trieb stehen, der seinen Ansatz in Richtung Grünwand hat. Diesen Seitentrieb können wir nachträglich natürlich nicht mehr so einflechten, wie das mit den frisch gepflanzten Trieben vorher geschehen war. Wir lassen den Trieb aufrecht wachsen und erst, wenn er etwas im Wachstum aufgeholt hat, binden oder klemmen wir ihn in das Geflecht und in die entstandene Lücke ein. Dazu können wir ein etwas längeres Stück eines frischen, biegsamen Gehölztei-

les benutzen, das wir vorher an anderer Stelle wegschneiden mussten.

Durch das spätere Dickenwachstum wird dieser nur anliegende Stämmling trotzdem verwachsen. Lediglich der biegsamere obere Gehölzteil kann und soll in das Geflecht hineingezogen werden. Die Triebspitze muss aber immer weit genug (fünf bis zehn Blattpaare oder Knospen, je nach Gehölzart) aus dem Flechtverband ins Freie herausragen können.

Verflochten wird nur, wenn es wirklich einen merklichen Zuwachs gegeben hat. Wenn das nicht der Fall ist, werden nur die Seitentriebe wegge-schnitten und das Augenmerk vor allem auf einen gesunden, starken Neuaustrieb gelegt. Wässern brauchen wir in der Regel im Frühjahr noch nicht und, außer auf ganz mageren Sandböden, auch nicht zu düngen.

Der frische junge Austrieb wird beobachtet und dort, wo Seitentriebe nicht nötig sind, werden sie beseitigt. Die noch sehr krautigen Seitentriebe sind in diesem Stadium noch nicht verholzt und können schnell und leicht mit der Hand ausgebrochen werden. Da, wo auch das Blatt mit entfernt werden muss, wird beides ausgebrochen, also das frisch aus der

3.27 und 3.28
Ahornheister. An den Triebspitzen (links) werden ...
... sämtliche Seitentriebe entfernt (rechts)

3.29
Vorher und nachher: Die Seitentriebe der starken Gehölze werden eingekürzt oder völlig beseitigt

51

Knospe getriebene Blatt ebenso wie der noch krautige Seitentrieb. Dabei ist darauf zu achten, dass beim Entfernen kein Gewebe unterhalb der Blattachse mit herausgerissen wird. Dort können leicht Wunden entstehen, die das Eindringen von Pilzsporen (z.B. Rotpustelkrankheit) begünstigen.

Sommer

Während des Sommers sollte immer wieder kontrolliert werden, ob wirklich jedes einzelne Gehölz genügend Raum und Licht für die Ausbildung seiner Blätter und seines nach oben strebenden Haupttriebes hat. Wie im Frühjahr nach dem Austrieb ist auch im Sommer immer wieder korrigierend einzugreifen. Einzelnen sehr stark wachsenden Pflanzen kann man ohne Bedenken einen Teil der unteren Blätter abnehmen. Das verlangsamt deren Wachstum und schafft für die schwächeren Gehölze mehr Licht und Raum, damit auch diese sich gut entwickeln können. So bekommen wir eine starke, gleichmäßige und stabile Struktur.

Auch hier kommt es natürlich auf das richtige Maß an. Es ist nicht erforderlich, dass sich alle Gehölze genau gleich stark entwickeln, wie es auch kein Problem ist, wenn sich ein Teil der Gehölze vorweg in die Höhe begibt. Bei der Ausformung des Gründaches werden die stärkeren Gehölze dann einfach zuerst nach innen gezogen, wodurch die schwächeren wieder etwas mehr Licht erhalten und aufrecht wachsend schnell aufholen können.

Herbst

Wie schon im ersten Jahr wird auch im Herbst der zweiten Vegetationsperiode die Arbeit an unserem Lebendflechtwerk weniger. Die Pflanzen, die in diesem Jahr bei richtiger Versorgung und guten Bodenverhältnissen schon deutlich nach oben ausgetrieben sind und ein weitläufiges Wurzelsystem ausgebildet haben, können nun ausreifen und verholzen. Erst wenn das Laub gefallen ist, entfernen wir alle Seitentriebe, verflechten den unteren, stabilen Zuwachs und fixieren das Geflecht mit Klammern oder sonstigem Bindematerial.

3.30
Eine Besonderheit bei Hainbuchen: Auch wenn alle Seitentriebe beseitigt worden sind, treibt sie überall wieder neu aus, aus sogenannten „schlafenden Augen" selbst am alten Holz

Die dritte Vegetationsperiode

3.31
Innenansicht, Ahorn-
laube, frischer Aus-
trieb in der 3. Vegeta-
tionsperiode

Frühjahr

Die Flechtarbeiten müssen noch vor dem Austrieb erledigt werden. Die Neigung der Gehölze nach links und rechts, d.h. das Rautenmuster, das sich durch die Verzwingung und Verflechtung ergibt, kann dabei immer mehr in die Parallele übergehen, je mehr wir uns dem vorgesehenen Gründach nähern.

Die Beseitigung der Seitentriebe im oberen Bereich wird nun etwas schwieriger, weil wir für diese Arbeit eine Leiter benötigen (Abb. 3.31). Die weit in den Himmel ragenden Triebe können wir aber immer noch leicht herunterbiegen und ihnen die Seitentriebe auch in den obersten Bereichen

nehmen, ohne dass wir uns in schwindelnde Höhe begeben müssen.

Die gleichzeitig mit den Blättern aus den Blattachsen herauswachsenden Seitentriebe lassen sich wieder leicht durch Abbrechen entfernen. Damit genug Blattmasse verbleibt, darf das Blatt selbst nicht beschädigt werden, In dieser Blattmasse wird das nötige Material (Lignin = Holz) gebildet, um den Trieb zu stabilisieren. Wachsen die Triebe zu lang und nicht stabil, d.h. dick genug, kann es passieren, dass sie starker Regen nach unten biegt und sie sich nicht mehr aufrichten. Das würde den Zuwachs beeinträchtigen. Den etwas schwächeren Gehölzen werden die Seitentriebe be-

3.32
Dachauswuchs, Seitentriebe entfernt

3.33
Um die Seitentriebe im oberen Bereich erreichen zu können, ist nun eine Leiter notwendig

3.34
Die Seitentriebe werden auf 10 - 20 cm Länge eingekürzt, um eine möglichst dichte Laube wachsen zu lassen

lassen. Wir kneifen oder schneiden lediglich die äußeren, frischen Spitzen ab, damit die Hauptkraft in den Leittrieb gelenkt wird.

Wie wir in dem unteren, bereits festgefügten Bereich weiter verfahren, hängt davon ab, ob wir eine leichte, lichte und filigrane Konstruktion errichten oder möglichst schnell geschlossene Grünwände erhalten wollen. Diese Entscheidung ist bereits im Frühjahr zu treffen. Im ersten Fall schneiden wir jetzt und auch im Sommer alle Triebe im unteren Bereich der Wände ab, so dass das Geflecht sichtbar bleibt (siehe Abb. 3.32). Wollen wir aber eine möglichst dichte, geschlossene Laube wachsen lassen, kürzen wir die Seitentriebe nur leicht ein und lassen 10 bis 20 cm lange „Spieße" stehen, an denen Blätter und weitere Verzweigungen wachsen (Abb. 3.33). Die hervorwachsenden Blätter und Zweige machen die Grünwände schnell dicht und bieten dadurch Schutz vor Einblicken, Sonneneinstrahlung und Zugluft. Ein Vorteil besteht auch darin, dass sich in der großen Blattmasse weiteres Holz für das Dickenwachstum der darunter liegenden Stamm- und Wurzelbereiche bildet.

Noch schneller bekommen wir die Wände dicht, wenn wir die Seitentriebe, die einen günstigen Ansatz haben (d.h. zur Seite in Richtung des bestehenden Rautengeflechts wachsen), ungekürzt herauswachsen lassen und sie im Herbst, wenn die Triebe einigermaßen verholzt sind, in das fertige Rautenmuster des Hauptgerüstes mit einflechten. Ein günstiger Ansatz bildet sich, wenn aus den Stämmlingen mehrere Seitentriebe hervorwachsen. Der stärkste Seitentrieb ist dann meist direkt vom Stämmling und der Laubenwand weg nach außen und oben gerichtet und kaum geeignet, während die schwächeren Triebe nach unten oder zur Seite in Richtung Geflecht ausweichen müssen. Sind diese im Herbst lang genug, versuchen wir sie so eng wie möglich seitlich, aber auch nach unten gerichtet einzuflechten.

Wollen wir also schnell eine möglichst enge, dichte Gitterwand erhalten, schneiden wir den unteren Austrieb im Bereich des fertigen Geflechts jetzt im Frühjahr nicht zurück, sondern lassen ihn wachsen. Wir lichten also nur oben bei den Triebspitzen aus. Das Einflechten der Seitentriebe erfolgt dann erst im Spätherbst, wenn fast alles Laub abgefallen ist.

Im Sommer

Auch in diesem Jahr kann und sollte etwas gedüngt und oft gewässert werden. Die Gehölze sind nun schon fest verwurzelt und haben ein weitläufiges Wurzelsystem ausgebildet. Wasser und Dünger werden deshalb auch nicht direkt an die Gehölze, sondern in einem breiten Streifen innerhalb und außerhalb des Bäumchenkreises ausgebracht.

Der Gehölzzuwachs im 3. Jahr sollte noch stärker als im Jahr vorher sein. Die Wurzeltätigkeit geht nun noch weiter in die Tiefe und Breite und führt den Pflanzen größere Mengen an Nährstoffen zu. Aus der Flechthecke wird jetzt langsam eine Laube. Wir können zunehmend spüren, was für ein wunderbares Werk wir begonnen haben und nehmen ein neues, angenehmes Gefühl wahr, wenn wir uns in den Bäumchenkreis begeben und die Stille, die Ruhe und die Kraft erfassen, die von den Gehölzen ausgeht.

Wie im Jahr zuvor achten wir darauf, dass jedes einzelne Gehölz in der Triebspitze ausreichend Raum hat und genügend Sonnenlicht bekommt. Neben Wässern, leichtem Düngen und evtl. dem Beseitigen oder Einkürzen der Seitentriebe haben wir nun nichts mehr zu tun als zuzuschauen und uns daran zu erfreuen, wie unser Grünbau wie von selbst entsteht und sich zu immer stärkerer Kraft entfaltet. Wir machen uns bei dieser Gelegenheit bewusst, dass in jedem einzelnen, noch relativ dünnen, zarten Stämmling die Kraft eines meterdicken Baumes ruht.

Nach dem zweiten Jahresaustrieb, dem sogenannten Johannistrieb, der Ende Juni, Anfang Juli stattfindet, muss gelegentlich noch einmal etwas korrigierend eingegriffen werden. Dieser zweite Jahrestrieb fällt natürlich bei den stärkeren Gehölzen auch etwas stärker aus, und wenn wir nicht aufpassen, geraten die etwas schwächeren Pflanzen wieder wegen Lichtmangel in Not. Dies wissen wir aber zu verhindern, indem wir den stärkeren Pflanzen, die sich zu breit machen

3.35
Der Autor prüft immer mal wieder, dass keines der Gehölze unter Schattendruck gerät

3.36
Die Seitenwände der Hainbuche werden dicht. Sie werden wie eine Hecke behandelt

wollen, einen Teil oder auch alle frischen, noch krautigen Seitentriebe nehmen. Wir brechen sie aus oder schneiden sie mit der Schere vorsichtig ab, ohne das Blatt zu verletzen, das mit dem Trieb zusammen aus der gleichen Blattachse hervorgeht.

Den schwächeren Gehölzen nehmen wir ebenfalls einen Teil der Seitentriebe und kürzen die anderen ein, damit auch bei diesen Pflanzen die meiste Kraft für die weitere Ausbildung des Haupttriebes zur Verfügung steht. Nur im unteren, bereits stabilen Gittergeflecht lassen wir dort, wo es schnell zu einer möglichst dichten Wand kommen soll, die Seitentriebe lang herauswachsen, wie oben schon beschrieben. Dort schneiden wir im Sommer nur die Triebe weg, die wir im Herbst nicht einflechten wollen oder aufgrund ihrer ungünstigen Stellung nicht einflechten können.
Mit dem Johannistrieb setzt auch das Dickenwachstum noch einmal ein.
Die Klammern und Bindungen sollten spätestens jetzt an den Stellen entfernt werden, wo sie entbehrlich sind. Denn wenn das nicht geschieht, wachsen sie ein. Das Gehölz wird zwar an dieser

Stelle verwachsen, die fixierten Stellen sind aber für die kommenden ein bis zwei Jahre bruchgefährdet.
Um eine ungefähre Vorstellung zu vermitteln, wie oft wir schneiden oder ausbrechen müssen, hier eine überschlägige Rechnung: Aus jeder Blattknospe treibt kurz hintereinander das Blatt und gleich anschließend der Seitentrieb aus. Wenn wir 100 Pflanzen gesetzt haben und jede Pflanze nur zehn Knospen an den Blattachsen bildet, haben wir schon tausend Mal zu schneiden, zu kürzen oder auszubrechen. Es sind aber in der Regel wesentlich mehr als nur 10 Blattachsen, mit denen wir es zu tun haben, oft doppelt und dreimal so viel!

Das hört sich nach viel Arbeit an, ist es aber nicht. Wir haben doch Zeit genug! Es ist keine körperlich schwere Arbeit, sondern eine leichte Beschäftigung, die man bei schönem Wetter gerne macht. Und während wir heiter und beschwingt vor uns hinarbeiten, fallen uns gute Gedanken zu.

Herbst

Ähnlich wie im Herbst zuvor, haben wir auch im Herbst des dritten Jahres wenig zu tun. Erst wenn das Laub sich verfärbt hat und zu großen Teilen abgefallen ist, entfernen wir alle noch vorhandenen alten Bindungen, Klammern und dergleichen, schneiden die belassenen Seitentriebe bei den kleineren Pflanzen weg und verflechten und fixieren unser Flechtwerk in den oben neu hinzugewachsenen, stabil gewordenen Bereichen. Ist das alles geschehen, kann der Winter kommen. Wir und die Laube können jetzt ruhen, uns zurückziehen und neue Kräfte sammeln.

Je nachdem, wie hoch, weit und groß unsere Laube werden soll und aus welchen Gehölzarten sie gepflanzt ist, sind vielleicht noch weitere Vegetationsperioden mit vergleichbaren Kulturarbeiten wie die im dritten Jahr erforderlich, bevor wir im Herbst oder Frühjahr mit der Ausformung des Gründaches beginnen können.

3.37
Die Hainbuchenlaube im Winter 2005 - in der Ruhe liegt die Kraft. Blick aus der Linden- auf die Hainbuchenlaube

4 Die Ausbildung des Daches

Von der Hecke zur Laube

Wenn die obersten Triebe der Stämmlinge weit über die gewünschte Raumhöhe hinausgewachsen sind (Abb. 4.01), ist es an der Zeit, mit der Ausformung des Gründaches zu beginnen. Ein genaues Maß für die Raumhöhe kann nicht genannt werden, es ergibt sich aus der jeweiligen Situation, die von vielen Faktoren beeinflusst wird. Die im folgenden aufgeführten Maße sind deshalb nur als Orientierungswerte zu verstehen.

Bei einem kleinkronigen Gehölz, wie zum Beispiel der Hainbuche, ist die Raumhöhe bei einem Kreisdurch-

messer von 4 bis 5 m und spitzkegeliger Ausformung an der höchsten Stelle mit 4 m gut bemessen. Bei einem Bäumchenkreis bis maximal 3 m Durchmesser kann die Raumhöhe an höchster Stelle auch schon bei 2,5 m liegen.

Bei solch kleinen Objekten reicht es für die Dachausbildung aus, wenn wir ein Seil um die Gehölzspitzen legen und sie zusammenziehen. Dies sollte aber erst dann erfolgen, wenn der Großteil der Gehölze so lang ist, dass die Triebspitzen nach dem Zusammenziehen weiter frei nach oben ra-

4.01
Diese Ahornlaube ist ein großes Objekt: Erst wenn die oberen Triebspitzen lang genug geworden sind, wird der Laubenraum oben geschlossen

gen können (Abb. 4.02). Beim Zusammenziehen, das am besten nach und nach geschieht, ordnen wir allmählich alle einzelnen Gehölze gleichmäßig in den Verband ein. Die Triebspitzen ragen wieder frei nach außen. Schwächere Triebe ziehen wir noch nicht nach innen, sondern lassen sie nach außen und oben weiterwachsen.

Bei diesem zusammenziehenden Kraftakt wird sich der gesamte obere Bereich der Grünwände nach innen neigen (Abb. 4.03, 4.04). Soll der Durchmesser der Laube auch im Bereich des Dachansatzes erhalten bleiben, wird dort eine Stützkonstruktion angebracht. Diese besteht aus möglichst langen Ruten aus Weide, Hasel oder anderem Gehölz, die vorher fest zu einem entsprechend großen Ring zusammengebunden werden, am besten mit stabilem Draht und der Hilfe einer Zange. In Höhe des Dachansatzes wird dieser Ring mit Schnur im Geflecht oder an außen anliegenden Ruten befestigt. Da die Gehölztriebe im oberen Teil der Laube nur noch wenig gekreuzt sind, hilft diese Stützkonstruktion auch, dass die einzelnen Gehölze auf gleicher Höhe eng beieinander in einer Reihe bleiben und somit schneller zu einer dichten Struktur verwachsen.

Ist der Gehölzring befestigt, können wir den stabilen Strick um alle

4.02
So weit sollten die Gehölze aneinander vorbei ins Freie ragen können (kleiner Ahornkreis)

4.03
Jetzt fehlt nicht mehr viel und das Dach des großen Ahornkreises ist geformt

4.04
Die Triebspitzen der großen Hainbuchenlaube sind zur Dachmitte geneigt

über ihn hinausragenden langen Triebspitzen legen und fest zusammenziehen.

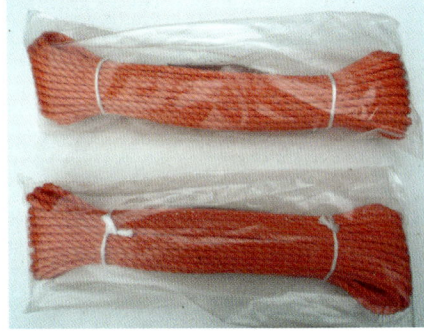

4.05
So stark sollte das Seil schon sein

4.06
Lange Ruten zum Anlegen und Herunterziehen der oberen Gehölzteile

4.07
Angelegte und befestigte Ruten, fertig zum Herunterziehen

Wir werden bei dieser Gelegenheit übrigens spüren, welche enorme Kraft jetzt schon in den noch relativ kleinen Gehölzen steckt. Ein einzelner, auch zwei oder drei der Stämmlinge lassen sich leicht in jede Richtung bewegen. Sind es aber zehn oder mehr, sieht die Sache schon ganz anders aus, vor allen Dingen dann, wenn die Gehölze schon etwas dicker und stabiler geworden sind. Mit einiger Anstrengung ist es aber gut zu schaffen.

Bei *größeren Objekten* (Durchmesser ab ca. 4 m), ist es durch Zusammenziehen eines um alle Triebspitzen gelegten Strickes kaum noch möglich, die Gehölze in die gewünschte Lage zu bringen. Hier müssen wir abschnittsweise vorgehen. Im Spätherbst, wenn alle Seitentriebe beseitigt sind und das Flechtwerk einigermaßen geordnet ist, bereiten wir die benötigten Materialien und Gerätschaften vor.

Wir brauchen:

- eine Stehleiter und eine Anlegeleiter,
- ein scharfes Messer und eine Gartenschere,
- 150 m starkes Seil sowie 1 Rolle Schnur,
- 12 bis 14 Ruten, ca. 1,5 bis 2 m lang, frisch geschnitten von Haselnuss, Weiden oder ähnlichen Gehölzen sowie
- ca. 30 dickere, kurze Holzstücke, ca. 30 cm lang, die beim Rutenschneiden vom gleichen Gehölz anfallen.

Von dem starken Seil (Kälberstrick, Wäscheleine oder ähnliches) schneiden wir 15 Stücke von 8 bis 10 m Länge ab. Die Stricke müssen mindestens so lang sein, dass sie von der momentanen Höhe der Gehölze (ca. 4 – 6 m) bis auf den Boden und noch etwas weiter reichen. Von der Rolle Schnur schneiden wir mehrere kurze Bänder von ca. 20 cm Länge ab. Diese benötigen wir nur für das Zusammenbinden der außen und innen anzulegenden Ruten und zum Sichern der Knebel. Mit einer Stehleiter begeben wir uns in den oberen Bereich der Flechthecke, legen von außen und von innen jeweils eine der Ruten horizontal so an, dass sie ca. 8 bis 12 Triebspitzen einklemmen. Wir binden diese beiden Ruten erst in der Mitte zusammen und dann jeweils rechts und links an den Enden (Abb. 4.07). In der Mitte der beiden zusammengebundenen Ruten befestigen wir eines der langen Seile. Das wiederholen wir je nach Größe und Rundung der Laube vier-, fünf- oder auch sechsmal. Nun nehmen wir die Enden der Stricke und ziehen damit die mit den Ruten festgehaltenen Gehölze nach innen und unten in die halbe Waagerechte und fixieren diese Stellung. Wenn genügend Helfer (zwei bis drei Personen) zur Hand sind, ziehen diese die aus jeweils 8 bis 12 Triebspitzen bestehenden Wandabschnitte nach innen und halten sie fest. Sind wir allein, befestigen wir die Enden der Zugseile an schweren Gegenständen oder binden sie mit einer leicht zu lösenden Schleife in der gegenüberliegenden Flechtwand unten fest.

Eine andere Vorgehensweise: Das Seil im Gehölz der gegenüberliegenden Flechtwand unten anbinden, auf die Leiter steigen, das Seil über die beiden Ruten legen und sie samt der Triebspitzen von der Leiter aus nach unten ziehen (bequemer: wenn das Seil lang genug ist, von der Leiter steigen und unten stehend herunterziehen).

Nun bereiten wir die äußere Abspannung vor. Die Stricke werden so lang bemessen, dass sie den nach innen gebogenen Bäumchenkreis überspannen, also außen, nicht ganz unten über die Beugung hinweg, bis wieder auf der anderen Seite nach unten in das schon stabile Geflecht hinein. Stricklängen von 6 bis 8 m sind ausreichend.

4.08
Kurze Holzstücke werden als Knebel an den Wurfseilen befestigt

4.09
Das Seil überspannt den nach innen gebogenen Bäumchenkreis

4.10 (unten)
Detail: Das Holz-
stück am Seil wird im
unteren Bereich der
Gehölze festgeklemmt
und gesichert

4.11 (ganz unten)
Die Dachabspan-
nung der Hainbu-
chenlaube. Die nach
außen strebenden
Gehölze drücken
gegen das Abspann-
seil, dadurch erhält
die Laube ihre gleich-
mäßig runde Außen-
form.

An beiden Enden der Stricke binden wir die vorbereiteten, ca. 30 cm langen Holzstücke fest (Abb. 4.09). Sie dienen sowohl zum Beschweren des Seilendes beim Überwurf als auch als Knebel. Das mit Knebel beschwerte Seil werfen wir von außen über den nach innen gebogenen Abschnitt der Laube hinweg. Wenn das Seil nach dem ersten Wurf noch nicht in der gewünschten Position liegt, rücken wir es mit Hilfe einer Leiter oder Stange so lange zurecht, bis es passt. Wir befestigen dann das eine Ende im stabilen unteren Geflecht (Abb. 4.10), gehen zu dem überworfenen ande-

ren Seilende und spannen mit einem kräftigen Zug das Seil so weit an, bis die erwünschte Neigung der mit dem Überwurf erfassten Gehölze erreicht ist. Da wir diese Knebel im nächsten Jahr wieder entfernen müssen, um auch die Nachzügler unter die Abspannung zu bringen, machen wir keinen Doppelknoten, sondern nur einen einfachen Knoten und eine Schleife. Das am Ende befestigte kurze, stabile Holzstück wird nach dem Abspannen in einem stabilen unteren Bereich der Wand durch Einstecken und Querstellen befestigt.

Das Wurfseil verläuft nun von einem unteren, stabil verflochtenen Bereich über die geneigten Gehölze wieder nach unten in die Wand. Das Abspannseil darf nicht zu weit in die Enden der oberen Triebe reichen. Die Triebspitzen müssen noch nach oben zeigen, denn werden die Triebe zu stark heruntergebogen, verlieren sie den sogenannten „Zug". Das heißt, sie stellen das Längenwachstum ein und bilden Fruchtholz. Dies ist ein Effekt, der bei Obstbäumen genutzt wird, für die Laube aber unerwünscht ist. Die Triebspitzen sollten auch nach der Ausformung des Daches ihre Hauptrichtung nach oben behalten, es reicht, wenn sie eine Neigung von ca. 20° zur Mitte hin haben. Die letztendliche Neigung des Daches wird erst erreicht, wenn die Gehölztriebe im Jahr darauf oder später endgültig zusammengezogen werden.

Ist die äußere Abspannung befestigt, können die Stricke entfernt werden, mit denen die Ruten in diesem Abschnitt nach innen gezogen wurden. Das außen anliegende Seil hält nun die Gehölze fest. Das erste und letzte Rutenpaar bleibt jedoch in seiner Position nach innen so lange ab-

gespannt, bis auch es von dem nächsten und schließlich von dem letzten überworfenen Abspannseil fixiert worden ist.

Mit den frei gewordenen Ruten arbeiten wir im Anschluss an die letzten, bereits nach innen gezogenen 8 bis 10 Gehölzen weiter, binden mit den beiden Ruten wieder 8 bis 10 Triebspitzen zusammen, befestigen das lange Zugseil in der Mitte, ziehen diesen Abschnitt ebenfalls nach innen, setzen die Leiter ein Stück weiter bis zum nächsten Abschnitt und so fort. Die jeweils nächste äußere Überwurfabspannung umfasst nur ca. 20 Gehölze bzw. einen etwa 2 m breiten Abschnitt, wobei sich die Abspannseile überschneiden. Die nach außen strebenden Gehölze drücken gegen das Abspannseil, und wir erhalten dadurch eine gleichmäßige runde Form.

In dieser neu geschaffenen Situation wird es für die Gehölze enger. Die

4.12
Stärker dürfen die Gehölze nicht geneigt werden!

4.13
Hier ist das Dach der Hainbuchenlaube bereits geformt. Eigentlich müssten die Triebspitzen weiter aneinander vorbei ins Freie ragen. Trotzdem habe ich hier keine Verdrängingsverluste festgestellt, wohl weil die Hainbuche sehr schattenverträglich ist.

zurückgebliebenen, schwächeren Triebspitzen sind zum Teil nicht mit hineingebogen worden, sondern ragen nun frei in den Himmel. Sie können noch ein, zwei Jahre die Freiheit genießen und kräftig nachwachsen. Auch und gerade jetzt werden die sich immer wieder bildenden Seitentriebe umgehend entfernt oder eingekürzt, damit alle Kraft ungehindert weiter in das Längenwachstum gehen kann. Die Laube ist im eigentlichen Sinn fertiggestellt, sobald die Triebspitzen von allen Richtungen in der Mitte zusammengekommen sind (Abb. 4.13).

In dieser letzten Phase braucht es von unserer Seite noch ein wenig Geduld. Bevor das Gründach endgültig geschlossen werden kann, müssen die einzelnen Gehölze stabil genug sein, denn sie sollen ja auch Schneelast und Starkregen aushalten können (Abb. 4.14).
Wir warten lieber noch ein weiteres Jahr ab, um den Gehölzen Zeit zu geben, etwas dicker und stabiler zu werden. Dazu muss ihnen so viel Laub wie irgend möglich verbleiben. Die Seitentriebe werden also nicht ganz

entfernt, sondern nach der Bildung von zwei bis drei Blattpaaren wird nur die Spitze abgekniffen. Je größer der Laubendurchmesser ist und damit der Abstand der gegenüberliegenden Flechtwand, desto höher, länger und stabiler müssen die Stämmlinge sein. In dieser Endphase der Fertigstellung weichen die etwas schwächeren Triebspitzen gerne nach innen oder außen aus und neigen sich nach unten. Sie würden das Längenwachstum einstellen, wenn wir ihnen jetzt nicht wieder zu einer aufrechteren Stellung verhelfen. Dies tun wir, indem wir sie nach außen bringen und an die stärkeren, nach außen und oben gerichteten Gehölze anbinden. Ein langes Seil, so um alle Triebspitzen geführt, dass beim Spannen die äußeren Spitzen nach innen und die inneren nach außen gezogen werden, erfüllt den gleichen Zweck. Auch mit dem Anlegen

4.14
Schneedruckprüfung

und Befestigen weiterer horizontal befestigter Ruten kann dieses Problem sicher gelöst werden (Abb. 4.15).

So versorgt, kann unser Naturbauwerk der Vollendung entgegen gehen. Die Vollendung ist dann erreicht, wenn die Gehölze stabil genug und so lang geworden sind, dass sie nach dem Zusammenziehen aneinander vorbei wieder ins Freie reichen. Besonders große, lange und stabile Gehölze können schon vorab einzeln nach innen gezogen und verbunden werden. Dabei wird bei den stärksten angefangen. Sie bilden die unterste Lage, auf die alle anderen nach und nach gelegt und festgebunden oder verschraubt werden.

Wer sich mit seiner Laube lediglich ein geschütztes, ruhiges, von außen und oben nicht einsehbares Plätzchen für Mußestunden schaffen wollte, kann nun alles so lassen wie es ist und sein Naturbauwerk in vollen Zügen nutzen und genießen. Es bedarf lediglich regelmäßig einer Behandlung mit der Heckenschere, wie bei jeder anderen Hecke auch, weil sich an dem Gerüst der Stämmlinge zahllose Seitentriebe ausbilden, die aber leicht in Schach gehalten werden können.

Die Schneidearbeiten sind wegen der Höhe des Naturbauwerks zwar etwas aufwendiger, mit Hilfe einer Anlegeleiter und einer kleinen, elektrisch betriebenen Heckenschere an einer Teleskopstange für die letzten Meter Gründach aber gut zu bewältigen. Die Anlegeleiter wird von den bis dahin recht stabil gewordenen Gehölzen leicht und sicher gehalten.

Damit keine Gehölze verkümmern und absterben, müssen wir allerdings immer noch sicherstellen, dass über-

all Blätter und Zweige aus den unser Dach bildenden Stämmlingen austreiben können. Auch jetzt kann es gelegentlich noch erforderlich werden, schwächere Gehölze freizuschneiden oder aufzurichten.

Wird unser Naturbauwerk, so wie es nun dasteht, heckenartig weiterbehandelt, füllen sich die Maschen zwar nicht vollständig mit Holz, dennoch erhalten wir einen ganz besonderen, eigentümlichen Raum – eine Laubhütte eben oder eine Laube im Sinne des Wortes. Solch eine Laube produziert nach außen nicht viel Schatten, wirft kaum Laub zum Nachbarn ab und ist sehr pflegeleicht. Wasserfest und regendicht ist unser Bauwerk in dieser Form allerdings nicht. Das lässt sich aber durch eine wasserdichte Innenabspannung leicht erreichen. Ansonsten ist an den Gehölzen nun keine Arbeit mehr erforderlich, weil sich die Laubengehölze in ihrem Wachstum ganz nach dem Licht, also nach draußen wenden. Dort halten wir ihr Streben mit den regelmäßigen Rückschnitten in Grenzen.

4.15
Angelegte Ruten verhelfen den Triebspitzen zu einer aufrechteren Stellung

Von der Laube zum Sommerhaus

Vielleicht wollen wir, unsere Kinder oder Enkelkinder aber mehr als nur eine Laube haben? Warum nicht ein festes, dichtes, sehr feuer- und erdbebensicheres Naturbauwerk wachsen lassen? Das ist möglich, wenn die Gehölze genügend Blattmasse ausbilden und damit Holz produzieren, also ihre ganze Kraft entfalten können. Dazu ist erforderlich, dass sie richtige Baumkronen ausbilden. Die Maschen des Geflechts schließen sich und wir erhalten dichte Decken und Wände.

Haben die meisten Gehölze unserer Laube mit ihren Triebspitzen die gegenüberliegende Seite erreicht, wachsen sie an den ihnen entgegenstrebenden Gehölzen vorbei in den freien Luftraum. Dort bekommen sie wieder Platz und Licht, um mehr und größere Seitentriebe ausbilden zu können.

Wir sorgen auch hier immer wieder dafür, dass sich die stärkeren Gehölze nicht zu sehr ausbreiten und schwächere erdrücken, bevor sie durch das Verwachsen mit ihnen eins geworden sind. Sind die Gehölze einmal auf der anderen Seite durch die Grünwand hindurchgewachsen, kann sich ein größeres Blätterdach ausbilden und es beginnt die eigentliche Holzbildungsphase.

Alle Gehölze sind nun unverrückbar an ihrem Platz und so geformt, dass sie Wand und Dach bilden und somit der gewünschten Funktion als Schutzraum, Laube oder Grünhaus dienen können. Jetzt muss das Dickenwachstum nur noch dafür sorgen, dass die Wände nach und nach dichter und fester werden.

Die zum Dach gebogenen und geneigten Gehölze werden an den oberen, dem Licht zugewandten Stellen verstärkt austreiben. Diese Triebe müssen so bald und so oft wie möglich weggeschnitten werden, d.h. mindestens zwei-, besser dreimal im Jahr. Die ganze Kraft geht in die immer weiter nach außen und oben gehenden Mittelleittriebe. Für sie (und für uns) ist nun der Kampf durch die Enge der Mitte überstanden.

Oben können wir den Zuwachs so steuern, wie es der Fortschritt unseres Naturbauwerkes verlangt. Auf Balance und Gleichgewicht ist nun unser Augenmerk zu richten, d.h. wir sorgen auch in diesem Stadium dafür, dass sich einzelne Triebe nicht zu breit machen. Die Gehölzteile sollen sich un-

4.16
Dachausbildung bei der Ahornlaube

ten wie oben im Geflecht harmonisch ausbilden können. Dazu muss bei den zu stark wachsenden Gehölzen ein Teil der Seitentriebe ein- bis zweimal im Jahr eingekürzt oder vielleicht auch der Haupttrieb ganz entfernt werden. Es ist wichtig, nicht die Übersicht zu verlieren, denn solange nicht alle Gehölze fest miteinander verwachsen sind, besteht immer noch die Gefahr, dass einzelne Gehölze wegen Lichtmangel verkümmern und absterben.

Wie in den Jahren zuvor in den unteren Flechtwandbereichen können wir nun im oberen Teil der Wand und im Gründach die Seitentriebe lang wachsen lassen und im Herbst, wenn sie gut verholzt sind, in das bestehende, fertige Geflecht der Hauptstämmlinge seitlich und schräg nach unten einziehen. Warum auch nach unten? Bäume haben die Eigenschaft, im unteren und oberen Stammbereich sog. „Schleppen" auszubilden (siehe auch S.15, Begriffserklärung). Das sind Seitenäste, die schon am Stamm ihren Ansatz statt steil nach oben mehr in die Waagerechte gerichtet haben. Sie schützen den Stamm, wenn die Bäume frei stehen und nicht von anderen Bäumen beschattet werden, den Wurzelanlauf und einen Teil des Wurzelbereichs vor direkter Sonneneinstrahlung und verhindern dadurch ein Austrocknen des Wurzelballenbereichs. Schon als ein- oder zweijährige Seitentriebe sind diese Äste an der Basis relativ elastisch und lassen sich daher gut in das bestehende Geflecht integrieren.

Um zu verhindern, dass sie beim Einflechten brechen, wird das einzuflechtende Gehölzteil mit beiden Händen in weitem Bogen durch die nächste oder übernächste Masche nach in-

nen geführt und die Triebspitze möglichst durch die folgende Masche wieder nach außen gebracht. Auch dabei ist es wichtig, dass die Spitze des eingeflochtenen Seitentriebes weit genug nach außen in das Licht ragt.

Bei den Flechtarbeiten sollte die Außentemperatur nicht zu niedrig sein. Bei Temperaturen unter 10°C brechen die Triebe leichter ab, als wenn es etwas wärmer ist.

4.17
Auch im mittleren Bereich werden die Gehölze mit starken Stricken zusammengezogen und verengt. Um zu verhindern, dass dieses Seil nach oben wegrutscht, wird es an mehreren Stellen durch Abspannung nach unten fixiert.

4.18
Die beiden Lauben nach der Dachausbildung

Das Formen des Gründaches

Gehölze, die den Scheitelpunkt des Gründaches durchwachsen haben, werden nur lose miteinander verbunden, schwächere Nachzügler sollen noch eingeflochten werden können. Die stärksten Gehölze werden, so weit es geht, nach unten gebogen und wieder nach außen geleitet, damit für die schwächeren Nachzügler in der Mitte Platz bleibt. Bei allen stärkeren Stämmlingen, die den Scheitelpunkt durchwachsen haben, werden wieder die nach oben und außen gerichteten Seitentriebe entfernt. Seitentriebe, die zur Seite oder nach unten wachsen, können bleiben, wenn sie andere Gehölze nicht verschatten oder sonstwie im Wege sind. Mit Hilfe von innen und außen horizontal angelegten und miteinander verbundenen Haselnuss- oder Weidenruten (siehe Abb. 4.06, 4.07 u. 4.15) von ca. 1,5 bis 2 m Länge lassen sich die vielen, von allen Seiten kommenden Gehölze im Dachbereich oben und am Scheitelpunkt des Naturbauwerkes einigermaßen parallel ausrichten und in eine gleichmäßige Höhe bringen. Die starken Gehölze stützen dabei die schwachen, die sonst leicht nach unten abfallen und den Zuwachs reduzieren.

Erst wenn auch die schwächeren Gehölze den Scheitelpunkt erreicht haben, können und sollen alle Gehölzteile miteinander verwachsen. Dies kann beschleunigt werden, indem wir immer zwei gegenläufige Gehölzpaare mit einer Spaxschraube und einem breiten bunten Band aneinander zwingen. Die Spaxschraube bringt das Zellbildungsgewebe (Kambium) in Verbindung und das breite Band reduziert die vom Wind verursachten Bewegungen.

Bei meiner Lindenlaube im Naturbautenpark in Nentershausen, den Konstantin Kirsch errichtet hat, haben sich bei der Verbindung der größeren Kronenteile und der stärkeren Äste Schlossschrauben und Unterlegscheiben bewährt. Einfache Spaxschrauben oder ähnliches hielten in dem relativ weichen Holz nicht, sie lösten sich und es kam keine Verwachsung zustande. Die erforderlichen größeren Bohrlöcher für die Schlossschrauben werden von den Unterlegscheiben abgedeckt, so dass weder Feuchtigkeit noch Wasser durch die Bohrlöcher in das Holz eindringen können. Die absolut feste Verbindung verwächst sehr schnell, was zur Stabilität beiträgt.

Diese Maßnahmen werden im Frühjahr erledigt, kurze Zeit bevor oder nachdem die Pflanzen austreiben. Die Gehölze müssen - wie bei der Obstveredelung auch - voll im Saft stehen. Meistens sind sie dann schon innerhalb der folgenden Vegetationsperiode so weit verwachsen, dass das Band im Frühjahr bis spätestens zu

4.19
Es dauert nicht lang und auf der Dachfläche wachsen viele neue Triebe hervor ...

Sommerbeginn des nächsten Jahres wieder entfernt werden kann. Vorher sollte es nicht entfernt werden, weil es den Winter über die Verwachsungsstelle schützt, wenn die Winterstürme daran rütteln. Die Schrauben lassen wir da, wo sie sind. Sie wachsen ohne Schaden vollständig ein und geben der Verwachsungsstelle noch einmal etwas zusätzlichen Halt. Es bildet sich nun eine mächtige, weitausladende, große und dichte „Viele-Bäume-Krone". Das Wachstum ist notwendig und bietet den Vorteil, dass unser Naturbauwerk stetig stärker wird. Während Bauwerke aus toter Materie vom Beginn ihrer Vollendung an der Vergänglichkeit ausgeliefert sind und nur aufwendig vor dem Verrotten bewahrt werden können, nimmt unser Lebendbauwerk an Stärke und Wert zu. Die ausladenden Kronenteile entwickeln sich immer kräftiger. Sie decken die Dachfläche bald so weit ab, dass sich aus ihr selbst keine neuen Triebe mehr entwickeln können. Es liegt jetzt an uns, wie weit ausladend und wie hoch wir den Dachaufwuchs und die Krone wachsen lassen wollen. Je mehr Blattmasse sich entwickeln kann, desto mehr Holz bildet sich. Die Stämmlinge werden dicker und dicker und haben bald die Maschen geschlossen. Wenn wir den Aufwuchs kurz und die Krone klein halten, bleibt das filigrane, luftig-leichte Laubengeflecht, wie bei einer Gitterhecke auch, lange erhalten. Im anderen Fall bildet sich mit der Zeit eine dichte Dach- und Wandfläche.

Das Wachstum der fertigen Laube beschränkt sich auf das Dickenwachstum. Die Lage und Höhe der Fensteröffnungen sowie der Wand- oder Dachflächen bleibt unverändert so, wie wir sie beim Verflechten angelegt haben. Schon bald dringt kein Wasser mehr durch Dach und Wand. Pflanzengesellschaften in Form von Moosen, anliegenden feinen Gräsern und Kräutern entstehen und bilden außen eine lebende Patina.

4.20
Schnittgut und Moos zwischen den Spießen bilden mit der Zeit ein Humuspolster

Das Bilden einer Humus-Dachabdeckung

Eine Variante der Gründachabdeckung besteht darin, den Dachaustrieb nicht bis dicht an das Stammholz zurückzuschneiden, sondern nur bis auf etwa 10 cm. Das Schnittgut wird auf das Lebendgeflecht zwischen die Spieße verteilt und gleichmäßig ausgelegt. Die belassenen, kurzen „Spieße" treiben aus und verzweigen sich (Abb. 4.20). Abfallendes Laub und weiteres Geäst bleiben hängen und bilden mit der Zeit ein Humuspolster.

Je öfter wir den „Heckenschnitt" vornehmen, desto feiner werden die Verzweigungen und die Zweige und

Blätter, die hängen bleiben. Dadurch wird die Gründeckung dicker und damit wirkungsvoller. Noch besser wird sie, wenn wir ein weitmaschiges Netz auslegen, ähnlich einem Zwiebelnetz (nur muss dies nicht gerade aus Kunststoff sein). Dieses Netz wird direkt nach dem ersten Zurückschneiden aller Triebe auf der geneigten Dachfläche ausgelegt, teilweise bis in die Seitenwände hinunter. Die Gehölze treiben ihre Zweige durch das Netz hindurch und fixieren es somit unverrückbar. Alles Laub und die feinen Zweige bleiben darin hängen. Gehölze wie Weiden und Grauerlen bilden überall da Wurzeln aus, wo sie mit feuchter Erde oder Humus in Kontakt kommen, auch in unserer Dach-mulchschicht. Diese bietet eine zusätzliche Nahrungsquelle. Die Durchwurzelung lässt das Gründach dichter, stabiler und fester werden.

Exkurs

Hier sei erwähnt, dass auch die Anlage von doppelwandigen Bauwerken im Naturbauverfahren möglich ist: Dichtes Weidengeflecht wird mit Humus bedeckt, die Weiden durchwurzeln die Humusauflage und können, ähnlich wie es früher bei den Erdmieten der Fall war, frostsichere Räume zur Überwinterung von Obst und Gemüse bilden. Wiechula (a.a. O.) widmete dieser Naturbautechnik ein eigenes Kapitel.

Innenausbau

Der Innenraum der Laube bildet nach dem Pflanzen der Gehölze auch ohne weitere Ausstattung einen geschützten Raum, der zum Sonnenbaden oder zu erholsamen Mußestunden einlädt. Er kann aber, wie im folgenden beschrieben wird, noch wohnlicher gestaltet werden.

Fußboden

Der Einbau eines Fußbodens mit Kanthölzern, die auf Punktfundamenten ruhen und ihrerseits Paneele oder Dielenbretter tragen, ist auch dann möglich, wenn das natürliche Gelände nicht ganz eben ist. Mit den Punktfundamenten lassen sich Unebenheiten leicht ausgleichen. Außerdem wird durch die Punktfundamente die Erde unter dem Fußboden nicht verdichtet, die Fläche steht dadurch unseren

4.21
Kleine Laube mit Fußboden aus Estrichbeton und mit Ablaufsickerschacht für das Wasser. Sie steht im Naturbautenpark von K. Kirsch und wird als Dusche genutzt.

4.22
„Lichtflächen" in der Laubenwand

Pflanzen uneingeschränkt als Wurzelraum zu Verfügung. Da viele Holzschutz- oder Holzimprägnierungsmittel sich negativ auf die Wurzeltätigkeit und die Pflanzen allgemein auswirken, ist als Bodenbelag Lärchenholz eine gute Wahl, denn es hält der Witterung und Feuchtigkeit auch unbehandelt recht lange stand, so lange es keinen direkten Erdkontakt hat. Liege, Stuhl und Tisch haben somit einen festen Halt und sauberen Grund.

Je nach Untergrund können auch Estrich, Steinplatten, Splitt, Kies und Sand, gestampfter Lehm oder Rindenmulch als Bodenbelag eingesetzt werden.

Fensteröffnungen

In jeder Wachstumsphase unseres Bauwerkes lassen sich Bereiche von Zweigen und Laub freihalten, die zur Belichtung des Laubenraumes und zum Hinausschauen dienen. Die Abb. 4.22 und 4.23 zeigen eine solche „Lichtfläche": Die Stämmlinge bleiben hier sichtbar und bilden ein lichtdurchlässiges Rautenmuster.

Um auch dann noch Tageslicht im Laubengebäude zu haben, wenn es ringsum und oben dicht zugewachsen ist, können z.B. Glasbausteine oder ähnliche lichtdurchlässige Materialien in die Rautengeflechte eingeklemmt werden, die dann mit einwachsen. Glasbausteine sind in verschiedenen Farben im Baustoffhandel erhältlich (Abb. 4.24, 4.25). Sie bieten den Vorteil, dass sie keinen Rahmen benötigen, sehr stabil sind und durch ihre Dicke auch dann noch funktionsfähig, wenn die Flechtwand in fortgeschrittener Wachstumsphase eine größere

71

Wandstärke hat. Durch eine geschickte Farbwahl und Anordnung können sich bei Sonnenschein ähnliche Effekte einstellen, wie sie der schwedische Wissenschaftler, Mystiker und Theologe Emanuel Swedenborg (1688-1772) in seinem Buch „Die Erdkörper im Weltall" beschreibt (siehe Anhang S. 99).

Um die doch recht schweren Glasbausteine sicher einzubauen, wird es meist nicht ausreichen, sie in das Rautengeflecht einzuklemmen Sie sollten deshalb innen und außen zwischen biegsamen Ruten als zusätzliche Halterung eingespannt werden, bis die Gehölze die Glasbausteine eingefasst haben und die Überwallung sie an Ort und Stelle hält. Hier kommt uns die Eigenschaft von Gehölzen zugute, Gegenstände, die dem Dickenwachstum im Wege sind, mit der Zeit zu überwallen. Auch Befestigungsdraht oder Metallteile werden von der Pflanze ohne Probleme überwachsen (Abb. 4.26, 4.27).

Soll nicht nur Licht, sondern auch Luft in die Laube kommen, können

4.23 (oben u. rechts)
Hainbuchenlaube
mit lichtdurchlässigem Rautenmuster

4.24 unten links
Glasbaustein im
Rautengeflecht

4.25 unten rechts
Der Glasbaustein
sitzt fest eingefasst in
der Laubenwand

natürlich auch bewegliche kleine Fenster mit Rahmen eingebaut werden. Da die Gehölze an den Kreuzungspunkten verwachsen, sind der Größe der Fensteröffnung nur wenig Grenzen gesetzt. Wenn wir zwischen den verwachsenen Kreuzungspunkten Gehölzteile entfernen, werden die Saftströme um diese Öffnung herumgeführt, d.h. alle um das Fenster herum befindlichen Gehölzteile werden von den Pflanzen weiterhin als Transportweg für Nährsäfte genutzt und mit versorgt (Abb. 4.28).

Der übliche Einbau von Fenstern entspricht allerdings nicht den organischen Linien des Gehölzaufbaues in unserem Naturbauwerk. Durch die Anordnung der Gehölze fügt sich ein der Rautengeometrie angepasstes schräg statt senkrecht eingebautes Fenster sicherlich harmonischer ein. Noch besser angepasst wäre ein Fenster in Form eines länglichen Ovals, das den Saftfluss am wenigsten behindert.

Wie schon erwähnt, ist die Verbindung zwischen Tür- und Fensterrahmen mit unserer lebenden, sich in der Entwicklung befindlichen Naturwand nicht schwierig. Wir brauchen weder zu nageln noch zu schrauben oder einzugipsen. Das macht alles das Gehölz selber. Notwendig ist lediglich ein stabiler Rahmen, der dem Druck des Dickenwachstums standhält. Der Rahmen sollte möglichst aus Edelstahl oder Aluminium bestehen, denn das Gehölz kann Metalle überwallen, während Holz abgestoßen wird.

4.26
Der Baum überwallt eine Schraube

4.27
Eingewachsenes Eisengitter

4.28
Lichtöffnung, hergestellt durch Entfernen von Gehölzteilen, nachdem die Kreuzungspunkte verwachsen sind

Wandverkleidungen

Wenn die Laube auch nach oben fertig ausgebildet ist, sind die Rauten in der Flechtwand noch immer relativ weit und offen. Lediglich das Laub und die eingeflochtenen Seitentriebe bilden einen gewissen Schutz. Um dennoch recht bald einen wind-, kälte- und regengeschützten Raum zu erhalten, können die noch offenen Gehölzrauten mit Materialien wie Stroh, Strohlehm, Heu (Abb. 4.29) oder Moos usw. gefüllt werden.

Übergangsweise, bis die Laube diese Funktion übernehmen kann, kann auch eine regenfeste zweite Haut eingebaut werden, wie z.B. eine Regenschutzplane, ein Zelt, ein auf- und abspannbarer Schirm, ein Tipi o.ä., denn fast alle weiteren Schnitt-, Flecht- und Kulturarbeiten an den Gehölzen lassen sich von außen durchführen.

4.29 (oben links) Moos als Wandabdichtung in den Gehölzrauten

4.30 (oben rechts) Doppelter Nutzen: Der Rasen wird gelüftet, das Material dient zur Wandabdichtung der Laube

4.31 (unten links u. rechts) Innenverkleidung mit Schilfrohrmatten, ...

... die mit Draht am Gehölz befestigt werden

Die zweite Geschossebene

Bei großen Gehölzen, wie z.B. Ahorn, Esche, Eiche, Buche u.a., kann aus dem Dachaustrieb eine Plattform oder eine Art Obergeschoss geformt werden, vorausgesetzt, der Laubendurchmesser ist nicht zu groß und die Laube zu hoch. Selbst ein hervorstehender Balkon oder eine umlaufende Galerie sind denkbar.

Das Arbeiten in der Höhe ist natürlich etwas beschwerlich. Die Stabilität des Gründaches und der Gehölze ist in den ersten zwei bis drei Jahren noch nicht so groß, dass die Laube unser Körpergewicht tragen könnte. Trotzdem müssen wir überall hinkommen, um korrigierend einzugreifen und um eventuell formen und flechten zu können. Dies ist nur mit Hilfe von Leiter und Gerüst bzw. Steiger (Hebebühne) möglich. Außerdem benötigen wir gutes, an Verlängerungsstangen angebrachtes Säge- und Schneidewerkzeug (Raupenschere, elektrische Heckenschere usw.).

Nach zwei bis drei Jahren ist die Stabilität bei stark wachsenden Gehölzarten so groß, dass die (sehr vorsichtige!) Belastung des oberen Laubenteiles mit dem Gewicht einer leichten Person keine Probleme schaffen dürfte.

Ebenso wie im unteren Bereich der Flechtwand lassen sich auch oben die einzelnen Stämmlinge im jungen, biegsamen Zustand leicht flechten, formen und fixieren. Wichtig ist dabei, dass jeder von unten kommende Stämmling ausreichend mit Assimilaten (d.h. im Blatt gebildete Baustoffe) versorgt wird. Dies kann durch das eigene Blattgrün erfolgen oder aber durch die Verbindung mit einem anderen Gehölz, das mit seinem Laub die Nährstoffzufuhr übernimmt.

Die Dimensionierung der zweiten Laubenebene wird wohl, je nach Wuchseigenschaft und Wachstumsvermögen der verwendeten Gehölze, maximal zwei Drittel der Höhe und

4.32
*Äste als Baumaterial
für einen Freisitz*

Breite des unteren Raumes betragen können. Wie schon erwähnt, ist es wichtig, dass die Pflanzen oben so viel Assimilationsmasse (Laub) wie irgend möglich ausbilden, damit sich die Grünwände bald durch ein starkes Wachstum stabilisieren und schließen. Die aus der Schräge des Gründachs verstärkt hervorwachsenden Triebe werden gekappt (siehe Abb. 4.19).

Spätestens nach der Ausformung der zweiten Geschossebene sollen unsere Bäume weit über die Grundfläche hinaus in die Breite und Höhe wachsen können, damit sich möglichst viel Blattmasse zur Produktion von Holz bilden kann. Korrigierend eingreifen werden wir nur dann, wenn einzelne Kronenteile zu mächtig werden. Eine große Angriffsfläche für Wind beeinträchtigt das Verwachsen, weshalb es gelegentlich erforderlich sein wird, durch Einkürzen zu ausladender Kronenteile für ein ausgewogenes Verhältnis zwischen Stabilität und Blattmasse zu sorgen.

4.33
Fiktion oder irgendwann Realität?
Quellen:
links Louis Audots, „Treatise on the composition and ornament of gardens", rechts „Ein Hochstand im Jagtgebiet mit einer bequemen, gewachsenen Treppe" aus „Wachsende Häuser" von Arthur Wiechula

Nach oben kommen

Baumleiter

Ein Laubenaufgang nach oben kann von Anfang an vorgesehen werden, indem – wie in Abb. 4.34 zu sehen ist – einige Heister zusätzlich seitlich angepflanzt und diese mit Hilfe eines Gerüstes zu Stufen und Laubengang geformt werden. Die einzelnen Stufen werden aus Seitentrieben gebildet, die zur Seite gebogen und am Gerüst befestigt werden. Da die Kraft dieser Heister in die Seitentriebe gehen soll, wird der Haupttrieb deshalb stark heruntergezogen und mit den anderen Heistern verflochten sowie die Blattmasse reduziert. Der Haupttrieb muss niedergehalten werden, bis auch der die Stufe bildende Seitentrieb zu einer vergleichbaren Stärke herangewachsen ist. Der gesamte Aufwuchs, der sich links und rechts der Baumleiter entwickelt, wird zur Ausbildung des Laubenganges in die oberen Ebene genutzt. Nur die Stufen selbst werden von jeglichen Austrieben freigehalten.

Bei der Hainbuchenlaube (Abb. 4.36) habe ich mich erst später für eine Baumleiter nach oben entschieden. Da aber gerade die Hainbuche sehr stark auch am alten Holz austreibt, war es nicht schwer, einige Seitenäste im gewünschten Abstand und in entsprechend gut überwindbarer Steighöhe auszuwählen und herauswachsen zu lassen. Zusätzlich wird ein einzelner Heister neben die Wand gepflanzt, der später den 2. Holm für die Treppe bilden soll. Dieser Pflanze werden alle Seitentriebe genommen, denn auch dieses Gehölz soll nur mit einem einzigen Trieb in die Länge wachsen. Nachdem das Gehölz angewachsen ist, wird es in die Schräglage passend zur zukünftigen Leiter gebracht. Das kann geschehen, indem wir einen kurzen Holzpflock schräg in die Erde treiben, an dem wir das Seil mit dem heruntergezogenen Gehölz befestigen oder indem wir einen zweiten Heister als Gegenstütze pflanzen (siehe Abb. 4.36).

Die aus der Wand herauswachsenden Äste, welche die späteren Stufen bilden sollen, lassen wir erst möglichst in die Länge wachsen und befestigen

sie dann an diesem heruntergezogenen Heister. An den Knotenstellen beschleunigen wir den Verwachsungsvorgang, wie nachfolgend beschrieben.

Beschleunigte Verwachsung

Das Verwachsen der Gehölze wird gefördert, indem wir die Seitenäste z.B. mit unseren Spezialklammern an dem seitlich gepflanzten und schräg geneigten Gehölz befestigen. Besser, sicherer und schneller erreichen wir die

4.34
Hilfsgerüst für eine
Baumleiter

4.35
Frisch geformte
Ahornlaube, kurz
nach dem Austrieb,
links die Baumleiter

ze schneiden und diese ineinander-schieben, doch zeigen meine Erfahrungen, dass das Anschrauben zum gleichen Ergebnis führt.

Die Schraube kann nach dem Verwachsen, was schon nach einer Vegetationsperiode geschehen sein kann, entfernt werden. Sie würde aber auch vollständig einwachsen, ohne Schaden zu verursachen. Lediglich beim späteren Zersägen des Holzes könnte die Schraube Schwierigkeiten verursachen. Doch dies ist ein Problem für unsere Ur-Ur-Enkel.

Da die Verbindung am Anfang noch labil ist und jede starke Bewegung durch Wind und Wetter schadet, müssen wir noch für einen zusätzlichen Halt sorgen. Dazu sichern wir die Verbindungsstelle außerdem z.B. mit Veredelungsband.

4.36
Baumleiter an der
Hainbuchenlaube

Verwachsung jedoch, wenn wir beide Gehölzteile mittels Spaxschraube o.ä. miteinander verbinden. Das klingt brutal, ist aber die mit Abstand am schnellsten durchzuführende Technik. Der beste Zeitpunkt dafür ist im April, dann, wenn auch in den Baumschulen die meisten Veredelungen vorgenommen werden. Zu dieser Zeit ist das Gehölz voll im Saft, die Rinde löst sich sehr leicht und es bleibt der Pflanze das Jahr über ausreichend Zeit, die Verbindungsstelle auszubauen, zu überwallen und zu verfestigen.

Durch die Schraube werden einige wenige Bastfasern mit dem anhängenden Kambium (Zellbildungsgewebe) in das andere Gehölz getrieben. Das allein reicht schon aus, um, wie bei Veredlungen auch, zwei Gehölze miteinander verwachsen zu lassen.

Baumschuler und Veredlungsprofis können auch Laschen in beide Gehöl-

Der Hochsitz

Abb. 4.37 zeigt einen im Entstehen begriffenen Beobachtungshochsitz aus einem kleinen Kreis von Eschen (1,5 m Durchmesser), der mit einer außen umführenden Baumleiter versehen werden soll. Dazu habe ich zusätzlich zu dem Bäumchenkreis, der einmal die Plattform aus Esche tragen wird, im Abstand von einem Meter weitere Eschen gepflanzt. Mit diesen außen herum gepflanzten Gehölzen hoffe ich, das Material und die Stützen zu erhalten, die ich für die ziemlich steil nach oben führende Leiter brauche. Auch hier versuche ich, ohne Lattengerüst oder ähnliches auszukommen, lediglich mit ein paar Zugseilen, Schrauben und Bindungen.

Bis solche Baumleitern ohne weitere Stützen und Hilfsmittel begehbar sind, werden einige Jahre Geduld nötig sein. Eine vorzeitige Belastung ist

4.37

4.38

zu vermeiden, erst, wenn alles stabil und fest genug ist, darf das kleine Naturbauwerk als Hochsitz genutzt werden.

Trotzdem hat dieser Bau von Anfang an schon einen Nutzen: Mit einer Sitzbank im Innern des Bäumchenkreises dient er als Entenschirm (er steht am Ufer eines Weihers) und Beobachtungsversteck für die Forstleute. Geduldig sein und sich Zeit zu nehmen, ist bei der Beschäftigung mit lebenden Bauten eine wichtige Voraussetzung. Diese Geduld wird aber nicht nur mit einer langen Vorfreude belohnt, sondern auch mit einem schönen, nützlichen Ergebnis.

4.37 Baumleiter seitlich außen

4.38 Eine Baumleiter aus Mehlbeere (Sorbus intermedia), geformt von Konstantin Kirsch

4.39 Die Wendeltreppe, ebenfalls von Konstantin Kirsch, kann bald betreten werden

4.39

Krankheiten und Schädlinge

Krankheiten der Gehölze treten selten auf. Bei Eschen bilden sich gelegentlich an den Kreuzungspunkten offene *krebsartige Schrunden*. Diese schneiden wir rechtzeitig mit einem scharfen Messer weg. Durch das Anschneiden wird die Pflanze angeregt, dort neues Kambiumgewebe zu bilden. Das frische Gewebe überwächst und schließt die offenen Stellen schnell wieder. Auch solche Schnittmaßnahmen nehmen wir uns zu Beginn der Wachstumsperiode im Frühjahr oder während der Vegetationsperiode vor, damit der Prozess des Überwallens (siehe S. 92) sofort und direkt einsetzen kann.

Gelegentlich werden *Raupen* zum Problem. Bei meiner Laube aus Roterle treten sie ab und zu in Massen auf und innerhalb kürzester Zeit ist alles Gehölz kahlgefressen. Ein großer Schaden entsteht dadurch aber nicht, denn die Bäume treiben im Anschluss sofort wieder neu aus. Lediglich der Zuwachs ist in solchen Jahren nicht mehr so groß. Bei rechtzeitiger Beseitigung der Raupennester oder auch durch Spritzen mit im Handel erhältlichen biologischen Mitteln bekommen wir dieses kleine Problem leicht in den Griff.

Bei einigen Gehölzarten, wie z.B. beim Ahorn, bildet sich gelegentlich *Mehltau*. Dieser tritt erst bei feuchtkalter Witterung im Spätsommer auf. Er zerstört das Gehölz in der Regel aber nicht nachhaltig. Erst wenn die Bäume mehrere Jahre hintereinander von Mehltau befallen sind, kann es zu Wachstumsstörungen kommen. Mehltau ist aber auch die Folge von zu sauren Böden, d.h. der pH-Wert stimmt nicht. Durch Gaben von Dolomitkalk oder ähnlichem lässt sich das Problem leicht lösen.

Ein einfaches altes, bei Rosen, Wein und anderen Pflanzen bewährtes Hausmittel kann auch gegen *Ahornmehltau* helfen: Das Besprühen der befallenen Blätter mit einer Milchlösung. Die Milch erstickt den Pilz und wird beim nächsten Regen abgewaschen. Das befallene Laub sollte im Herbst gesammelt und mit Gaben von Kalk oder Kalkstickstoff verkompostiert werden.

Einmal, im Frühjahr 2004, hat ein starker Hagelschlag einen großen Teil der frisch ausgetriebenen, langen, noch krautigen Triebspitzen abgetrennt. Es sah wirklich schlimm aus. Doch schon nach wenigen Tagen kam ein frischer Austrieb. Es war lediglich erforderlich, die Anzahl der neuen, vielen Sprossen zu reduzieren. Nach kurzer Zeit war von dem Schaden praktisch nichts mehr zu sehen.

Fege- und Fraßschäden hatte ich bei meiner Eschenlaube und bei meinem Hochsitz an einem Waldrand. Dort gibt es viel Wildwechsel. Mit einem übel riechenden Vergällungsmittel, das den Rehen und Hasen den Appetit verdirbt, habe ich schlimmeren Schaden verhindern können. Diese Abwehr war aber auch nur im ersten und im zweiten Jahr erforderlich. Ist das Holz erst einmal hart genug, lassen die Rehe das Gehölz in Ruhe bzw. richten keinen Schaden mehr an. Durch die kurzen Spieße, die ich von den Seitentrieben stehen lasse, schaffen sie es nicht mehr, bis an den Stamm heranzukommen.

Junge Rinder aus der angrenzenden Weide waren schon mehrmals in meiner Laube, ohne Schaden anzurichten.

4.40 rechte Seite
Natur schafft Raum

Nur einmal ist im zweiten Jahr nach der Pflanzung ein junges Rind in Panik geraten. Es stürmte durch die Laubenwand hindurch, als es von Besuchern des Kreislehrgartens überrascht wurde und nicht mehr wusste, wohin es fliehen sollte. Die Bruchstelle ist noch heute zu sehen und wird immer wieder gerne von Kindern als Schlupfloch benutzt.

Wollen wir einen Naturbau als Unterstand für Tiere nutzen, müssen wir die Gehölze vor dem Beknabbern durch die Tiere schützen, z.B. mit einem Knüppelrost. Auch durch das Schäuern, d.h. durch das Reiben der Tierkörper am Gehölz, kann Schaden entstehen. Im frühen Stadium der Verwachsung der Gehölze können diese dadurch wieder auseinanderreißen, was die Flechtordnung zerstört. Daher empfiehlt es sich, die Flechtwände mit einem stabilen Gestell aus Balken und Pfosten zu schützen.

Ein aus Weiden (*Salix viminalis*) angelegtes Brückenbauwerk über einen kleinen Bach hat Hasen so gut geschmeckt, dass sie es während des ersten Winters total abgefressen haben. Es gibt Weidenarten, deren Rinde von den Hasen im Winter besonders gerne gefressen wird. Dagegen etwas zu tun, ist kaum möglich. Es bliebe nur, ein Wildschutzzaun zu ziehen und ihn mindestens 20 cm tief einzugraben. Denn Kaninchen sind, wenn Futter knapp wird, so begierig darauf, dass sie sich unter einem Zaun hindurchgraben.

Arthur Wiechula (a.a.O.) gibt an, dass Naturbauwerke vor Schäden durch Blitzschlag relativ sicher geschützt sind, wenn vor allem Gehölze wie z.B. Buchen (*Fagus silvatica*) oder Hainbuchen (*Carpinus betulus*) eingesetzt werden, deren Wurzeln nicht das Grundwasser suchen. Diese Gehölzarten bleiben mit ihren Wurzeln im trockenen Boden und sind daher äußerst selten von Blitzschlag betroffen. Unter Pappeln, Weiden und Eichen hingegen ist es nicht gut, bei Gewitter Schutz zu suchen, weil diese durch ihre Verbindung mit dem Grundwasser wie Blitzableiter wirken. Werden Schutzlauben aus Grundwasser suchenden Gehölzen erstellt, empfiehlt es sich, in der Nähe des Bauwerks eine oder mehrere dieser Gehölze freistehend als Blitzableiter zu pflanzen. Die Solitärgehölze können schneller in die Höhe wachsen und da der Blitz immer in den höchsten Punkt einschlägt, wird das nebenstehende Bauwerk verschont. „Der beste Pflanzenschutz ist die Pflanzung des richtigen Gehölzes an den richtigen Platz. Dieses Gehölz widersteht allen Gefahren ohne Schwierigkeiten" (Wiechula).

5 Gebrauchsskulpturen

Stuhl und Bank

Es ist immer angenehm, sich ein wenig setzen zu können, sei es zwischen
der Gartentätigkeit, oder einfach nur,
um den Gesang der Vögel zu genießen
und seinen Gedanken nachzugehen.
Eine lebende Sitzgelegenheit an einem
lauschigen Platz wachsen zu lassen,
garantiert, dass der Rastplatz immer
da ist, wenn er gebraucht wird.

Mit dem kunstvollen Pflanzen,
Flechten und Formen haben sich Axel
Erlandson und John Krubsack (siehe
auch S.18) schon zu Beginn des 19.
Jahrhunderts befasst, um aus leben-

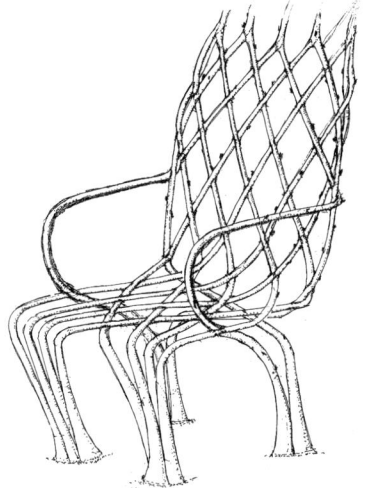

5.01
Gewachsener Stuhl

5.02 unten links
John Krubsack in
seinem Spalier aus
28 Holunderbäum-
chen

5.03 unten rechts
John Krubsack nach
der Ernte

5.04   *Stuhl aus Himalajabirke mit heller Rinde*

den Gehölzen rattanähnliche Möbelstücke wie Bänke, Tische, Stühle usw. zu erschaffen. Als heutiger Zeitgenosse ist besonders der Amerikaner Richard Reames (www.arborsmith.com) zu nennen, ein viel beachteter Experte auf diesem Gebiet und damaliger Koordinator des Themenbereichs „Growing Village" auf der Weltausstellung 2005 in Aichi, Japan. Unter anderem zieht er mit Hilfe von Formgerüsten aus Holzleisten in Großcontainern Gehölze zu Stühlen, Tischen und anderen Skulpturen heran und stellt sie als Kunstobjekte auf Ausstellungen und Messen aus oder pflanzt solche Objekte auf Wunsch und Bestellung von Gartenliebhabern in deren Gärten in aller Welt.

Durch seine Arbeit angeregt, habe auch ich Versuche angestellt und bin dabei zu einer recht praktikablen Lösung gekommen. Mit Hilfe eines Gitters aus baustahlähnlichem Gewebe (Gabionengitter) und einigen Holzstangen lassen sich relativ leicht funktionale und gleichmäßige Sitzgelegenheiten formen. Der Aufwand an Zeit und Kulturarbeit ist, wie bei jedem guten Werk, allerdings beträchtlich. In größeren Mengen werden diese Art „Möbel" deshalb nicht herzustellen sein, auch, weil beim Entstehungsprozess sehr viele Unwägbarkeiten auftreten können. Diese durchaus nützlichen Gebrauchsgegenstände sind eher der Gartenkunst zuzuordnen. Richard Reames bezeichnet seine geformten Gehölze deshalb als Arborskulpturen und die Erschaffer solcher Werke als Arborskulpteure.

Nachdem meine ersten Versuche sowohl im Freiland als auch im Container zur Zufriedenheit verliefen, pflanzte ich im Frühjahr 2005 im Kreislehrgarten in Bad Grönenbach

(siehe auch S.11) eine Bank aus Birkensämlingen. Die Gehölze waren zuvor in einem Beet vorgezogen (aufgeschult) und durch das Entfernen aller Seitentriebe zum Längenwachstum angeregt worden.

Nachdem sie gut angewurzelt waren, habe ich sie mit Hilfe einer Variante meines Gehölzformkorsetts zu einer Bank geformt. In den nächsten Jahren werden alle Gehölze miteinander verwachsen, stabiler und belastbar werden. Der obere und seitliche Gehölzaufwuchs lässt sich im weiteren Verlauf mit etwas Nachhilfe noch zu einem Schutzdach oder Schutzschirm verflechten.

Beim Formen eines Stuhls oder einer Bank gehen wir am besten vor wie folgt:

Für die *vorderen Stuhlbeine* binden wir mehrere Gehölze kurz oberhalb der Wurzeln so gut es geht fest zusammen. Dabei sollte der Wurzelhals aller Gehölze auf gleicher Höhe sein. Die Gehölzbündel pflanzen wir nun dorthin, wo die vorderen Stuhlbeine wachsen sollen. Für die hinteren Stuhl- bzw. Bankbeine benötigen wir jeweils nur zwei Gehölze, die unterschiedlich groß sein können. Erst wenn die Gehölze für die Stuhl- bzw. Bankbeine durch reichliche Wassergaben, durch Bodenverbesserungsmittel und Dünger sowie Licht und Luft kräftig angewachsen sind, wird weiter gearbeitet. Dort, wo die *Rückenlehne* vorgesehen ist, stecken wir links und rechts sowie hinten ein aus Gabionengitter geschnittenes Gerüst in das Erdreich. Auf Höhe der zukünftigen vorderen Sitzflächenkante schieben wir eine Stange durch das Gitter (Abb. 5.06). Von den hinteren Beinen der Bank aus führen wir, um die

5.05 Gemälde aus dem Jahr 1516 von Jean Perréal „La Complainte de Nature à l'Alchimiste Errant"

Armlehne zu formen, das etwas längere Gehölz am Gitter nach vorn und wieder nach hinten zurück. Das Gehölz sollte schon so lang sein, dass die oberen Gehölzteile in das Geflecht der künftigen Rückenlehne integriert werden können. Das kürzere Gehölz wird nach links oder rechts als Querstütze geneigt und auch in die spätere Rückenlehne integriert.

Die gebündelten vorderen Heister werden mit einer weiteren Stange über die bereits in Sitzflächenhöhe befindlichen Stange leicht nach hinten in Richtung Rückenlehne gebogen und schon einmal verflochten, bevor sie weiter nach unten gedrückt werden (Abb. 5.07). Sie sollten jedoch nicht gleich beim ersten Biegen in die endgültige Sitzflächenposition gezwungen werden, sondern allmählich (siehe Abb. 5.08). Danach werden die Triebe ungefähr am künftigen Ende der Sitzfläche mit drei oder vier Hölzern in die Senkrechte gebracht. Die Gehölze sind nun trotz der Biegungen vertikal ausgerichtet und werden das Längenwachstum nicht einstellen, sondern recht unbeeinträchtigt raumgreifend weiterwachsen können. Wird die Sitzfläche zu früh in die Waagerechte gebracht, stellt das Gehölz sofort das Wachstum in Richtung Fruchtholz um und der Zuwachs wäre nur noch minimal.

Im nächsten Sommer sind die Leitungsbahnen und der Bast der Pflanze soweit außen verlängert bzw. innen verkürzt worden (Abb. 5.09), dass wir eine weitere, stärkere Verformung vornehmen können. Das zur Bündelung verwendete Bindematerial wird – bevor es einwächst – wieder entfernt. Um zu verhindern, dass sich das Gabionengitter durch das Herunterdrücken nach hinten verschiebt, wird

5.06 Bank aus Birken vor (oben) und nach (unten) dem Flechten und Formen

5.07 oben links
Stuhl in Container
mit Gabionengitter-
Korsett. Hier: Gehölze
für die Sitzfläche
kreuzen

5.08 oben rechts
Den Sitz nicht zu
früh in eine waage-
rechte Stellung brin-
gen

5.09 unten links
Innen verkürzen sich
die Leitungsbahnen,
außen werden sie
länger

5.10 unten rechts
Die zukünftigen hin-
teren Stuhlbeine wer-
den am rückwärtigen
Gabionengitter befes-
tigt

es an ein oder zwei kleinen, recht tief und fest vor dem Gitter in das Erdreich getriebene Pfosten nach vorne verspannt. Auch die hinteren „Stuhlbeine" befestigen wir an dem rückwärtigen Gitter, um auch dieses etwas mehr gegen ein Ausweichen nach hinten zu stabilisieren, aber auch, um die hinteren Stützen im unteren Teil noch etwas weiter nach hinten zu bringen und senkrecht zu stellen (Abb. 5.10).

Dort, wo die Rücklehne entstehen soll, ist bereits (siehe oben) aus Baustahlgitter, Lattengerüst oder ähnlichen Materialien eine Stütze errichtet, an der wir nun die Triebe um die Stange der hinteren Sitzfläche herum wieder gerade nach oben führen können. An dieses Gerüst werden die geflochtenen und ausgerichteten Triebe angebunden und fixiert.

Zu beachten ist dabei, dass jedes Gehölz, von der Wurzel bis in die Triebspitze, den ungefähr gleich weiten Weg hat. Die Pflanze versucht nämlich, den Transport der Nährstoffe von der Wurzel in die Blätter und wieder in die unteren Gehölzteile einschließlich der Wurzel möglichst kurz zu halten. Dies kann sich später unangenehm bemerkbar machen, wenn die einzelnen Gehölzteile fest verwachsen sind. Dann werden nämlich über die Verwachsungen die kürzesten Wege gesucht und genutzt. Die Nährstoffe werden bevorzugt auf diesem kurzen Weg transportiert und auch gelagert, wodurch hier ein stärkeres Dickenwachstum entsteht, während die

vom Saftfluss abgelegenen Gehölzteile nicht weiter gestärkt werden.

Da die Sitzfläche nur aus relativ wenigen Gehölzteilen besteht, empfiehlt sich für längeres Sitzen eine gepolsterte Auflage (Abb. 5.12).

Besonders bei der Sitzfläche und auch bei der Rückenlehne der Bank bzw. des Stuhles ist es sinnvoll, das Verwachsen zu beschleunigen. Denn je eher sich die Leitungsbahnen an den Kreuzungspunkten verbinden, desto gleichmäßiger wird die Fläche. Am einfachsten und schnellsten verwachsen die Stämmlinge an den Kreuzungspunkten, wenn sie mit einer möglichst dünnen, nicht allzu langen Spaxschraube verbunden werden (je stärker die Schraube, um so eher die Gefahr, dass das junge Holz spaltet und reißt). Die Schraube darf nach dem Eindrehen auf der Unterseite nicht heraustreten, die Spitze der Schraube sollte aber gerade noch ein klein wenig zu spüren sein (Abb.

5.13). Denn ist die Schraube zu kurz, besteht die Gefahr, dass sie wieder ausreißt und die Teile nicht zusammenwachsen, sondern lediglich geschädigt werden.

5.11
Der Stuhl wächst hier noch im Container ...

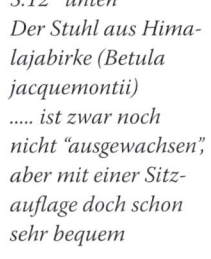

5.12 unten
Der Stuhl aus Himalajabirke (Betula jacquemontii)
..... ist zwar noch nicht "ausgewachsen", aber mit einer Sitzauflage doch schon sehr bequem

5.13 Stämmlinge an den Kreuzungspunkten mit Spaxschrauben verbinden

5.14 Im Container als gebündelte Heister vorgezogen, entstehen in recht kurzer Zeit formbare Gehölzelemente

5.15 Aus dem Aufwuchs von im Kreis gepflanzten Stühlen und Bänken lassen sich auch interessante "Sitzlauben" bilden

Im folgenden Jahr wird wieder kräftig gewässert und auch ein wenig gedüngt. Wieder ein Jahr später können dann die Schrauben, die Stangen und das Gestell entfernt werden. Nun dauert es nicht mehr lange und wir können unseren Garten-Thron besteigen. Ein zusätzliches Verbinden der Kreuzungspunkte mit Veredelungsband o.ä. ist hier nicht notwendig, da in dem Gestell keine Bewegung oder Reibung der fixierten Gehölzteile stattfinden kann.

Wie in der Zeichnung, Abb. 5.14 dargestellt ist, können durch entsprechende Anordnung mehrerer Stühle oder Bänke auch eine Sitzrunde mit einer Laubenüberdachung gebildet werden.

Sind die Gehölze dafür in Containern vorgezogen, entstehen in recht kurzer Zeit gebrauchsfertige Laubenobjekte. Denn nach dem Pflanzen breiten sich die zuvor im Container nur eingeschränkt tätigen Wurzeln verstärkt aus. Dadurch wird das Wachstum beschleunigt und wir erhalten innerhalb kürzester Zeit formbares Bau(m)material (Abb. 5.15).

Nicht alle Gehölzarten sind für diese kleingliedrigen, engen Biegungen geeignet. Ahorn z.B. ist zu spröde und bricht daher sehr leicht. Besser, weil weicher und biegsamer, ist Birke. Weide ist auch sehr gut geeignet, ihr Holz ist aber nicht so langlebig wie z.B. der Hainbuche, die sich ebenfalls sehr gut biegen lässt. Leider wächst Hainbuche (*Carpinus betulus*) nur sehr langsam zu und treibt jedes Jahr überall da, wo auch nur ein bisschen Licht hinkommt neu aus, so dass man ständig Seitentriebe wegschneiden muss. Linde, sowohl Sommer- als auch Winterlinde, eignen sich ebenfalls ganz gut für Möbelskulpturen.

Die horizontal gebogenen Gehölzabschnitte der Sitzfläche und der Armlehne sind zwar nur relativ kurz, die horizontale Anordnung bewirkt aber, wie schon oben erwähnt, dass die Gehölze die Neigung entwickeln, sich zum Fruchtholz umzustellen und damit den Zuwachs zu reduzieren. Nur wenn an der Gesamtlänge der senkrechte Anteil etwa dreimal so groß ist, bleibt das starkwüchsige Längenwachstum halbwegs erhalten. Wenn nicht, bilden sich überall Blüten und Früchte am Holz.

Diese Eigenschaft könnte genutzt werden, indem wir für die waagerecht verlaufenden Gehölze junge Heister von Wildapfel (*Malus sylvestris*) oder Wildbirne (*Pyrus communis*) einsetzen, die ganz gut biegbar sind. Diese Gehölzarten werden üblicherweise als Unterlage für Obstbäume verwendet, d.h. auf die Wildgehölze werden Edelreiser gepfropft oder auf andere Weise verbunden und verwachsen. Auch wir könnten sie als Veredelungsunterlage nutzen, um sie nach dem Formen mit guten Fruchtsorten zu veredeln.

Unser Stuhl oder unsere Bank würde dann auch noch Früchte liefern.

Tisch

Eine Ablage oder ein Tisch für den Garten lässt sich einfach herstellen, indem wir z.B. drei oder vier Heister im Dreieck bzw. Quadrat pflanzen. Den Abstand voneinander wählen wir so groß wie die Tischplatte, die später einmal von dem Gehölz getragen werden soll. Nachdem die Heister angewachsen sind, binden wir sie auf halber Höhe bis zur zukünftigen Tischfläche überkreuz aneinander. Dann legen wir eine runde oder eckige Tischplatte oder besser erst einmal nur einen Rahmen in die gekreuzten Stämmlinge und binden die Gehölze oben wieder zusammen. Die Tischplatte bzw. der Rahmen ist nun zwischen den Heistern eingeklemmt. Jetzt kann alles, sowohl die Heister als auch die Tischplatte, miteinander verwachsen.

5.16
Die Tischbeine sind gekreuzt, geschraubt und mit Klettband stabilisiert

5.17 unten
Tisch aus 3 Himalayabirken (Betula jacquemontii) und einer Kunstglasplatte. Bei einem Gewittersturm hatte sich die Platte gelöst, jetzt ist sie mit Tonkinstäben (Bambusstäben) gesichert (rechts)

5.18 Es ist erstaunlich, wie Gehölze Zäune, Fahrräder (!), Straßenschilder und derglei-chen überwachsen bzw. überwallen können

Möglich ist auch, eingewurzelte sta-bile senkrechte Gehölze auf gleicher Höhe waagerecht zu kappen und die einzuwachsende Tischplatte aufzule-gen und leicht zu befestigen. Der fri-sche Austrieb wird um dieses Hin-dernis herum wachsen, es überwallen und dadurch festhalten.

Es ist erstaunlich, wie Gehölze ganze Fahrräder, Eisenzäune, Straßenschil-der und dergleichen überwachsen bzw. überwallen können (Abb. 5.18). Sehr gute Beispiele dafür sind im In-ternet auf den Seiten von Olaf Willen-brock, Göttingen (www.baumwunder. de) zu finden.

Anders als Aluminium oder Edel-stahl ist totes Holz als Rahmen oder Tischplatte zum Verwachsen mit Ge-hölz nicht gut geeignet. Totes Holz wird von dem lebenden Kambium der Pflanzen, wenn es irgend geht, eher vor sich hergetrieben als über-wallt. Ich habe selbst erlebt, dass klei-ne Schilder aus Blech, die angena-gelt wurden, um die Registrierung im Baumkataster zu erleichtern, ein-wuchsen, angenagelte Holzleisten aber immer außen vor der Rinde blie-ben.

5.19 (rechte Seite): Gewachsenes Gartentor
1. 6 Gehölze werden etwa so gepflanzt.
2. Den mittleren Gehölze werden die Leit-triebe entfernt und jeweils 2 Seitentriebe belassen.
3. Ungefähr so sieht es dann ein Jahr später nach Beseitigung der meisten Seitentriebe aus.
4. Nun verbinden wir alle Gehölze mitein-ander.
5. Schon bald treiben die Gehölze aus.
6. Nachdem alles verwachsen ist, werden Wurzel, Zweige und Kambium entfernt - fertig ist unser Gartentor.

Gartentor

Rankgitter oder natürlich gewachsene Gartentore sind weitere Objekte, die wir aus Gehölzen wachsen lassen können.

Mit nur wenig Aufwand unsererseits verbinden sich die Gehölze durch die Verwachsung so fest, dass innerhalb recht kurzer Zeit Gitter, Tore und Türen entstehen. Als Werkzeug brauchen wir lediglich einen Spaten, eine Rosenschere, Spaxschrauber, Schrauben und später noch zum Abschälen des Kambiums ein gutes, scharfes Messer. Das ist alles. Abb. 5.19 zeigt die Entwicklungsschritte eines Gartentores. Als Gehölzart für solche Art Gebrauchsskulpturen empfiehlt sich Esche. Sie ist schwer, langfaserig, dicht und stabil und fühlt sich in jedem Boden und in allen Lagen wohl.

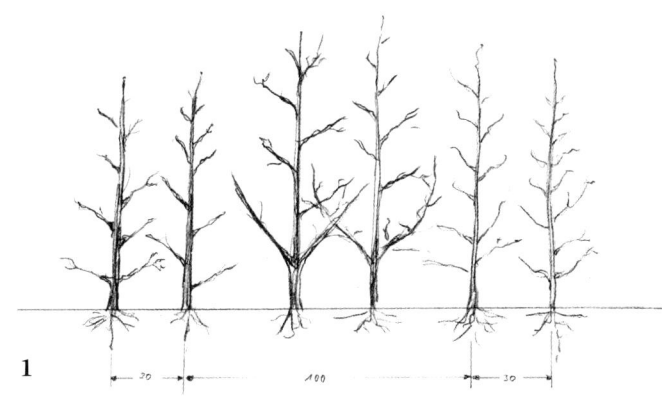

1

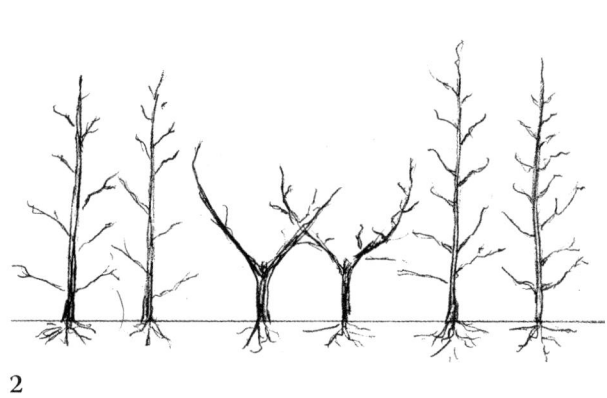

2

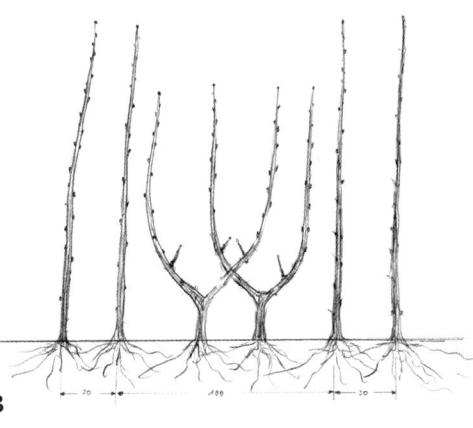

3

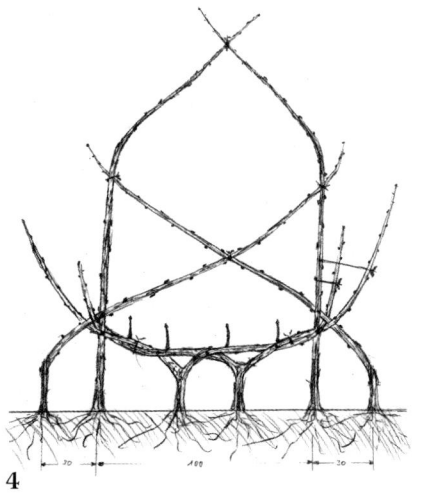

4

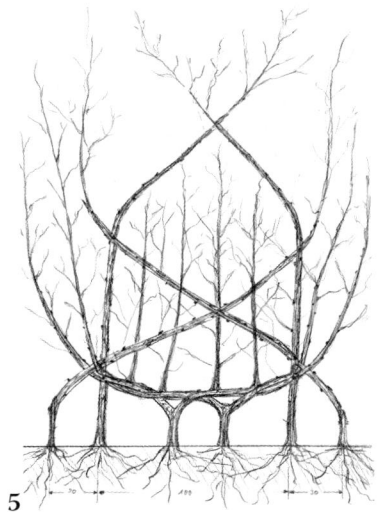

5

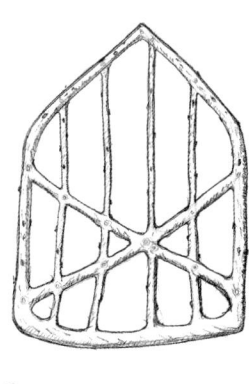

6

Zum Schluss...

... Wie schon zu Beginn des Buches erwähnt, ist immer wieder das Phänomen zu beobachten, dass etwa zeitgleich an verschiedenen Orten der Welt verschiedene Menschen ganz unabhängig voneinander eine ähnliche Idee verfolgen.

Mein Interesse an Lebendbauten wurde 1986 geweckt, als ich, damals Leiter der Stadtgärtnerei eines Bade- und Kurortes, in einer Fachzeitschrift einen Artikel über Wiechulas Buch und seine Ideen las. Noch vor dem Lesen seines Buches, das ich erst etliche Monate später als Kopie erhielt, entstand mein erster Naturbau (Abb. 5.20): Ich pflanzte aus ca. 300 Heistern der Roterle (*Alnus glutinosa*) einen im Durchmesser etwa 4 m breiten Kreis. Die Roterle ist dafür zwar keine sehr geeignete Baumart, aber ich konnte die Gehölze sehr günstig bekommen. Die noch sehr kleinen Heister (ca. 80 bis 100 cm hoch) pflanzte ich senkrecht und verflocht sie erst im folgenden Jahr (inzwischen hatte ich das Buch von Wiechula gelesen). Der Abstand der Gehölze voneinander

war allerdings etwas zu weit bemessen, so dass sie erst nach vielen Jahren dicht verwuchsen. Heute wird die Roterlen-Laube gelegentlich von meinem Freund in die Ausstellungen seiner Gemälde einbezogen, die er im Sommer auf seinem weitläufigen Grundstück durchführt.

Etwa zeitgleich in den 80er Jahren begann Konstantin Kirsch sich für Naturbauten zu interessieren. Er war damals noch ein junger Architekturstudent voller Ideen und Tatendrang und lebte in einem ausgebauten Bauwagen auf einem großen Gelände in der Nähe von Nentershausen/Nordhessen (Abb. 5.21) Konstantin Kirsch in einem seiner Naturbauwerke). 1992 lernte ich ihn kennen. Seine „Entdeckung" der Spezialklammer als Fixierhilfe war (und ist noch immer) auch mir eine große Hilfe. Da sein Naturbauten-Gelände in Nentershausen sehr weitläufig ist, bot er mir an, dort ebenfalls einen Lebendbau zu erstellen, mein zweites Objekt. So pflanzte ich im Jahr 1993 eine Lindenlaube aus 700 Heistern der Winterlinde (*Tilia*

5.20
Der Autor pflanzt seine erste Laube aus 300 Heistern der Roterle (links). Alles ist gut angewachsen, das gefällt auch den Söhnen (rechts).

cordata), in Form dreier ineinander übergehender Kreise, die wiederum einen nach Süden offenen Halbkreis bilden.

Leider konnte ich mich in den ersten Jahren nicht so intensiv um dieses Objekt kümmern, wie es wünschenswert gewesen wäre. Berufliche Veränderungen mit Umzug nach Süddeutschland und der eigene Hausbau nahmen mich zu sehr in Anspruch. So konnten die Flecht- und Kulturarbeiten an der Lindenlaube erst im Jahr 2000 fortgesetzt werden. Mit Konstantin Kirschs Hilfe und der einiger Seminarteilnehmer gelang es, das inzwischen riesige, 6 bis 7 m hohe Buschwerk so zu ordnen, dass es geschlossene Räume bildete. Einzelne Lindenstämmlinge hatten bereits einen Umfang von 20 cm und mehr erreicht. Diese waren, auch wenn sich Lindenstämmlinge aufgrund ihrer weichen, elastischen Struktur gut verflechten lassen, allerdings nicht mehr zu gebrauchen, für eine Eingliederung in das Geflecht waren sie zu stark geworden. Ein großer Teil der Gehölze musste oberhalb des schon bei der Pflanzung angelegten Geflechts entfernt werden. Die verbliebenen Bäumchen wurden einzeln mit großem Kraftaufwand ineinander geflochten und ein Dach geformt. Die schon fast verloren geglaubte Laube erwachte wieder zu neuem Leben. Abb. 5.22 zeigt den Ostflügel der Lindenlaube nach der verspäteten Rettungsaktion.

Mit jedem Jahr und jedem neuen Schnitt, mit jeder Form- und Flechtarbeit wurde die Laube interessanter und faszinierender und der Glaube zur Gewissheit, dass es möglich ist, aus stammbildenden Gehölzen Lauben und andere Gebäude zu schaffen! Inzwischen ist aus der Lindenlaube

5.21 *Konstantin Kirsch in einem seiner Naturbauwerke in der Nähe von Nentershausen/Nordhessen*

5.22 *Der Ostflügel der Lindenlaube nach der Rettungsaktion*

5.23 *Die Lindenlaube im Juni 2007*

5.24 Die Gruppe ZebraSommerwind gibt ein Konzert in der
      Lindenlaube

5.25 Anfang schwierig, Ende gut: Trotz vieler Anfängerfehler
      entstand eine schöne Laube mit sehr guter Atmosphäre

5.26
Laube aus senkrecht
wachsenden Bauha-
selgehölzen (Coryllus
colurna), nicht ver-
flochten, nur mit den
Seitentrieben verbun-
den

ein vielbeachtetes Objekt geworden.
Abb. 5.23 zeigt die selbe Lindenlaube im Juni 2007, die auch schon in anderen Gartenbüchern abgebildet ist
(z.B. in „Dolce vita, das große Buch
für Gartengenießer" von Ursula Barth,
DVA Verlag). Im September 2007
fand das erste Konzert in der Lindenlaube statt. Mehr als 50 Menschen
fanden sich ein, um in diesen gewachsenen Räumen den elektronisch nicht
verstärkten Naturklang von Gitarren,
Gesang und Geige der Gruppe „Zebra
Sommerwind" aus dem Westerwald
zu genießen (Abb. 5.24, 5.25).

Konstantin Kirsch hat in seinem
Naturbautenpark in Nentershausen,
Nordhessen, neben seinem 1993 angelegten und gepflanzten ersten Bauwerk, einer aus 5 Räumen bestehende
Eschenlaube (Abb. 5.28), inzwischen
weitere interessante Objekte und
Skulpturen aus vielen unterschiedlichen Gehölzarten gepflanzt und geformt. So entstanden zum Beispiel
eine Wendeltreppe, (siehe Abb. 4.39,
Seite 79), eine Schutzwand aus Ahorn
(Abb. 1.07, Seite 14), eine Laube aus
senkrecht wachsenden Baumhasel-
heistern (Corylus colurna), bei der die
Seitentriebe von Anfang an mit eingeflochten wurden (Abb. 5.26) und eine
rechteckige Laube aus der heimischen
Rotbuche (Fagus silvatica) (Abb. 5.27).
Sein neuestes Projekt ist eine große Laube mit ca. 12 m Durchmesser aus kalifornischem Mammutbaum
(Sequoiadendron giganteum), einer
Baumart, die auch bei uns schwindelnde Höhen erreicht. Eine Besonderheit ist ihre weiche, großpori-
ge Rinde, die so gut wie nicht brennt.
Permakulturdesigner Konstantin
Kirsch stellt sich vor, dass es möglich
sein wird, den aus dieser Gehölzart
gebildeten Raum beheizen zu können,

ohne der Pflanze zu schaden. Wer Näheres über seine Projekte, Seminare und Führungen erfahren möchte, dem sei sein Buch „Naturbauten aus lebenden Gehölzen" (siehe Anhang S. 101) empfohlen bzw. seine Internet-Seite (www.naturbauten.com).

Publikationen und Adressen weiterer Arborskulpteure vor allem in England, Australien und Israel sind ebenfalls im Anhang (S. 101) aufgeführt

Mein dritter Naturbau: Ein Eschenrondell mit 5 m Durchmesser an einem Regenrückhaltebecken der Autobahn A 7 bei Oy-Nesselwand. Hier konnte ich meine bisherigen Erfahrungen gut einsetzen und war sicher, dass es mir gelingen würde, innerhalb der nächsten Jahre einen geschlossenen Raum zu erhalten. Nach anfänglichen Schwierigkeiten mit Wildverbiss (ich konnte mit handelsüblichen Vergällungsmitteln Abhilfe schaffen) und dem versehentlichen Abschneiden einiger Heister durch das Mähwerk eines Bauern, ging es dank reichlicher Zugaben von Bodenverbesserungsmitteln mit den Gehölzen rasch aufwärts. Probleme bereiten die in der Höhenlage des Alpenvorlandes vorkommenden Spätfröste. Es frieren die ersten, frisch getriebenen Blätter gelegentlich ein wenig zurück, treiben aber wieder aus oder wachsen etwas beschädigt weiter. An dieser Eschenlaube ist mir das wichtige Prinzip klargeworden, dass erst einmal mit den Hauptleittrieben das Grundgerüst zu schaffen ist, um den Überblick über jedes einzelne Gehölz zu behalten. Die Seitentriebe sollten erst dann eingeflochten werden, wenn dadurch kein anderes Gehölz mehr in seiner Entwicklung benachteiligt werden kann.

5.27 *Rechteckig gepflanztes Laubenbauwerk aus Rotbuche (Fagus silvatica)*

5.28 *oben und unten: Fünfgliedrige Eschenlaube im Mai 2008, Naturbautenpark Nentershausen*

Danach folgten viele weitere Objekte in sehr unterschiedlichen Gehölzarten -größen und -sorten. Inzwischen befasse ich mich auch mit dem Pflanzen von Bänken und Stühlen im Boden und in Containern (siehe Kap. 5, S. 83 ff).

Noch viele Fragen sind im Zusammenhang mit der Verwendung von Großgehölzen zu baulichen Zwecken zu stellen und zu beantworten, auch es ist noch viel interessante Pionierarbeit zu leisten.

Meine Erfahrung hat mich gelehrt, dass ein Werk mit lebenden Gehölzstrukturen nur dann gelingen kann, wenn die Eigentümlichkeiten und Bedürfnisse der Gehölze beachtet werden und ein Teil der Gestaltungskompetenz an diese abgegeben wird. Die Hauptarbeit beim Bau von Naturlauben leisten die Gehölze. Das menschliche Tun beschränkt sich lediglich auf das Pflanzen, Pflegen und dem Vereinigen junger Triebe. So entstehen dauerhafte, solide und wunderschöne Werke mit einem eigenartigen ästhetischen Reiz. Die Bilder in diesem Buch können die Atmosphäre in den Naturbauwerken nur unzulänglich wiedergeben. Es heisst, dass vor Urzeiten Frauen sich in Baumkreisen trafen, um Rat zu halten und um Weissagungen zu empfangen. Feinfühlige Menschen spüren auch heute eine eigentümliche Kraft in ihnen. An einem warmen Sommertag sah ich, wie eine junge Mutter in dem kleinen Ahornrondell eine Decke ausbreitete und sich dort mit ihrem Kind zur Ruhe legte. Es war ein Bild tiefsten Friedens.

Ich wünsche jedem mutigen Lebendflechtwerker viel Freude und viel Erfolg bei seinem Tun.

Anhang

Auszug aus dem Buch „Die Erdkörper im Weltall" von Emanuel Swedenborg, (1688 – 1772), Seite 85, Ziffer 150. (Zitiert in: Arthur Wiechula „Wachsende Häuser aus lebenden Pflanzen entstehend", a.a.O.)

„151. Sie bildeten darauf ihre heiligen Tempel vor den Geistern unserer Erde vor, welche sagten, dass sie nie Herrlicheres gesehen hätten; und weil sie auch von mir gesehen wurden, kann ich sie beschreiben. Sie werden aus Bäumen verfertigt, die nicht abgehauen sind, sondern auf ihrem natürlichen Standorte wachsen; sie sagen, auf ihrer Erde gebe es Bäume wundervoll an Wuchs und Höhe. Gleich Anfangs pflanzt man sie in Reihen, damit sie Säulengänge und Hallen bilden, und von jung an bringt man ihre Äste durch Beschneiden und Stutzen in eine solche Richtung, dass sie während des Wachstums sich verflechten und verbinden zum Grund und Unterbau des zu errichtenden Tempels, und die Bäume an den Seiten sich zu Wänden erheben, oben aber zu Bogen an Daches Stelle sich wölben. Daraus bilden sie einen Tempel mit bewunderungswürdiger Kunst, hoch erhoben über die Erde; Sie machen auch zu denselben eine Treppe durch aneinander liegende Äste von Bäumen, die hervorgewachsen und fest miteinander verbunden sind. Außerdem schmücken sie solche Tempel außen und innen auf mancherlei Weise durch Benutzung der Zweige zu Gebilden, so bauen sie ganze Haine. Wie aber diese Tempel im Innern beschaffen sind, wurde nicht gestattet zu sehen, es wurde mir bloß

mitgeteilt, dass das Licht ihrer Sonne durch Öffnungen zwischen den Ästen eingelassen wird, und man es hier und da durch Kristalle hindurch gehen lässt, wodurch das Licht gleichsam in Regenbogenfarben die Wände entlang spielt, besonders in himmelblauen und orangegelben Farben, welche sie vor allen anderen lieben. Dies sind ihre Bauwerke, welche sie den herrlichsten Palästen unserer Erde vorziehen."

6.01
Emanuel Swedenborg

Eine Weissagung

Vom 9. Febr. 1842. Enthalten in dem Werke: „Die Haushaltung Gottes" (Die Urgeschichte der Menschheit). Kundgegeben von Oben durch Jakob Lorber. Zweiter Teil, Kapitel 211, Ziffer 76 – 80. (Zitiert in: Arthur Wiechula, Wachsende Häuser aus lebenden Bäumen entstehend, a.a.O., S. 319)

6.02 Jakob Lorber

„76. Also, nicht beim alleinigen Vernehmen lasset es bewendet sein; sondern zur That, zur lebendigen That trage ein Jeder tief in seinem Herzen diese Worte, so wird er sein ein wahrhaft Weiser in der Ordnung Gottes; darum ihm lieber sein wird ein lebendiges Haus von tausend im schönsten Kreise stehenden schlanksten Zedern, denn ein todtes von behauenen Tannen, die da zwar auch in die Erde gesteckt sind, aber da sie selbst todt sind, so verfaulen sie auch bald in der Erde! und weht dann irgend ein Sturm über diese todten Häuser, da stürzen sie sobald ein, und ertödten ihre Inwohner. Das Haus aus den lebendigen Zedern ist ein sicheres Haus, in dem wir allzeit

*den rechten Schutz finden darinnen.
So wir aber den Samen legen in die
Erde, damit wir aus ihnen der ehest-
möglichen Zeit zu einem lebendigen
Hause kommen möchten, und zwar in
dem Kreise wir den Samen gelegt haben, in dem möchten wir auch schon
unser lebendiges Haus erschauen; -
müssen wir da aber trotz unserer großen Begierde zum lebendigen Hause, nicht zur nötigen Geduld übergehen, und unterdessen ruhig wohnen in
denen behauenen todten Hütten, bis
das lebendige Haus vollends dicht und
reif dastehet, und wir es dann beziehen können; und haben wir es einmal
bezogen, wie voll Freuden sind wir da
darum, daß wir ein also festes, lebendiges Haus nun haben, das uns wohl
decken kann vor jeglichem Sturme.*

*Aber – wie oft läuft der Mensch durch
mehrere Jahre mit dem Wasserschlau-
che um den Bäumchenkreis herum,
und begießet jegliches sorgsam, damit sie sich ja recht bald hoch über
den Erdboden erheben sollen, und er
die Stämme bald möchte mit den duf-
tensten Zweigen des Myrthen-, Lor-
beer- und Balsampalmbaumes einzuflechten anfangen, und die Klüfte aus-
zustopfen mit den reichlichen Speik
der Schafherdenhöhen, und also auch
hernach vom Hauptmittelbaume ein
wohlgeflochtenes Dach aus den unzer-
störbaren Goldstroh zu spannen bis zu
den Seitenwandbäumen!
Sehet, solches nennen wir weise; ja solches ist auch wahrhaft weise gethan, -
übertragen wir aber diese weise Hand-
lung auch auf uns selbst!"*

Hier eine kleine Erklärung und Deu-
tung zu den Schriften:

Das Thema „lebendiges Haus" spielt
in den Werken von Emanuel Swedenborg und Jakob Lorber, den beiden
„Schreibknechte Gottes", nur eine bei-
läufige Nebenrolle. Beim Gartenbau-
ingenieur (später nannte er sich Na-
turbau-Ingenieur) Arthur Wiechula ist das Thema allerdings sofort auf
fruchtbaren Boden gefallen.

Was ist nun gemeint mit dem „lebendigen Haus"?

In der geistigen Entsprechung ist mit
dem Haus auch unsere seelische Be-
hausung gemeint. Unseren vergängli-
chen Erdenleib bewohnt, bewegt und
benutzt unsere Seele, so lange wir uns
in dieser materiellen Welt aufhalten.
Wer in seinem Leben aber nur nach
materiellen Gütern strebt, nur für seinen Leib sorgt, nicht aber auch für
seine unsterbliche Seele, ist derjeni-
ge, der sein Haus statt mit lebenden
Gehölzen mit faulendem, totem Holz
baut und den die Stürme des Lebens
am Ende leicht unter sich begraben
können.

Weiterführendes

Bücher

Wiechula, Arthur : *Wachsende Häuser aus lebenden Bäumen entstehend.* Berlin, 1926, Neuauflage im Packpapier Verlag Osnabrück, 2012

Kirsch, Konstantin: *Naturbauten aus lebenden Gehölzen.* Xanten, 4. Aufl 2012, Organischer Landbau Verlag

Hicks, Ivan und Rosenfeld, Richard: *Baum-Fantasien.* München 2008, DVA Verlag

Reames, Richard: *Arborsculpture, Solutions for a Small Planet.* Williams, Oregon/USA, 2005

Reames, Richard: *How to grow a chair.* Williams, Oregon/USA, 1995

Internet

Hermann Fritz Block
   http://www.lebendlaube.de

Ich stehe jedem, der dies wünscht, gerne mit Rat und Tat zur Verfügung und bin an einem regen Erfahrungsaustausch sehr interessiert.

Konstantin Kirsch
   http://www.naturbauten.com

Richard Reames
   http://www.arborsmith.com

Weitere interessante Links:
   http://www.baumwunder.de
   http://www.baumkreis.de
   http://www.bureau-baubotanik.de
   http://www.danladd.com
   http://www.oregongarden.org

Bildnachweis

Die Abb. 0.02, 3.12, 3.14, 3.26 und 3.35 sind Dokumentationsmaterial des Landkreises Unterallgäu; Abb. 4.27 wurde von Olaf Willenbrock und Abb. 5.18 (unten) von Claudia Lorenz-Ladener beigetragen.
Alle anderen Abbildungen stammen vom Autor.

Weitere Bücher im ökobuch Verlag

Anders gärtnern
Permakultur-Elemente im Hausgarten. Ob Kräuterspirale, Krater- bzw. Hochbeet, Kartoffelturm, Wurmfarm oder Erdgewächshaus mit Hühnerstall, bei allem dient die Natur als Vorbild. Mit vielen Anleitungen für einen Hausgarten, in dem die Bereiche harmonisch zusammenwirken und sich gegenseitig fördern. Von Margit Rusch. 96 Seiten, mit vielen farbigen Abbildungen, 16,95 €

Mein kleiner Permakultur-Garten
300 kg Ernte auf 150 m² Fläche mitten in der Stadt. Der Autor Josef Chauffrey beschreibt die Kultivierung eines Reihenhausgartens nach Permakultur-Prinzipien und zeigt, wie sich beachtliche Ernteerfolge an Obst u. Gemüse erzielen lassen. 110 Seiten, mit vielen farbigen Abbildungen, 16,95 €

Das Biogarten-Praxisbuch
Anleitung zum naturgemäßen Gärtnern in Bildern. Hier wird das notwendige Wissen vermittelt, um erfolgreich den Boden zu bestellen und reichhaltig gesundes Obst und Gemüse zu ernten. Susanne Bruns. 224 Seiten, viele Abbildungen, 18,95 €

Permakultur im Hausgarten
Mit diesem Buch gibt der Autor einen Leitfaden an die Hand, wie ein Hausgarten Stück für Stück zum persönlichen und vielseitigen Permakultur-Garten gestaltet oder umgestaltet werden kann. Jonas Gampe. 144 Seiten, mit vielen Abbildungen, 16,95 €

Auf 300 qm Gemüseland
… den Bedarf eines Haushalts ziehen. Wie man auf kleinstem Raum einen Nutzgarten anlegt und erfolgreich bewirtschaftet, können wir von unseren Vorfahren lernen. Mit schnellen, praktischen, alphabetisch geordneten Infos über die wesentlichen Pflanzen, über Anbau- und Arbeitsmethoden. Von Arthur Janson. Neugestalteter Nachdruck der Erstausgabe von 1926. 170 Seiten, 16,95 €

Saatgut aus dem Hausgarten
Nach einer Einführung in die Saatgutgewinnung und in die Praxis der Vermehrung werden die nötigen Hilfsmittel, Ernte, Reinigung und Lagerung der Samen sowie Aussaat und Aufzucht beschrieben. Mit kurzen Pflanzenporträts aller im Hausgarten üblichen Kräuter, Gemüse und Blumen. Von Marlies Ortner. 138 Seiten, mit vielen farbigen Abbildungen, 19,90 €

Trocknen und Dörren mit der Sonne
Bau & Betrieb von Solartrocknern. Ein Buch für alle, die einen funktionstüchtigen Solartrockner kostengünstig selbst bauen möchten, um Obst, Gemüse und Kräuter natürlich und hochwertig haltbar zu machen. Außerdem: Praxis des Trocknens mit vielen Tipps aus langjähriger Erfahrung. Herausgegeben von Claudia Lorenz-Ladener. 96 Seiten, mit vielen farbigen Abbildungen, 16,95 €

Terrassen und Decks aus Holz selbst gebaut
Planungsüberlegungen, sinnvolle Konstruktionen, Materialempfehlungen. Viele Beispiele und Schritt-für-Schritt-Bilder vermitteln das Wissen zum Bau schöner Holzdecks. Von Peter Himmelhuber. 102 Seiten, mit vielen farbigen Abbildungen, 16,95 €

Mein Garten lebt
Vögel, Schmetterlinge, Igel, Wildbienen und andere nützliche Tiere ansiedeln. Mit Bauanleitungen und Gestaltungsideen, um durch Nisthilfen, Schlafquartiere u.ä. Gärten tierfreundlich zu gestalten. Von Peter Himmelhuber. 96 Seiten, mit vielen farbigen Abbildungen, 16,95 €

Natürlich konservieren
Die 250 besten Rezepte, um Gemüse und Obst möglichst naturbelassen haltbar zu machen und ein maximum an Vitaminen, Nährstoffen und Geschmack zu erhalten. Herausgegeben von Terre Vivante. 160 Seiten, mit vielen Abbildungen, 16,95 €

Trockenmauern für den Garten
Bauanleitung & Gestaltungsideen. Ob Sitzplätze oder Hochbeete einzufassen, eine Hangfläche zu terrassieren oder das Grundstück einzugrenzen: Mit einfachen Werkzeugen kann jeder kostengünstig eine schöne und dauerhafte Trockenmauer selbst bauen. Von Jana Spitzer und Reiner Dittrich. 96 Seiten, mit vielen farbigen Abbildungen, 16,95 €

Hütten von Kindern selbst gebaut

Das Buch zeigt schön illustriert, wie Kinder ohne großen Aufwand ihr eigenes kleines Reich erschaffen können, mit Baumaterialien, die fast alle draußen zu finden sind: Spielhäuschen, Kuppelbau, Schlupfwinkel, Beobachtungsversteck. Ab 8 Jahre. Von Louis Espinassous. 58 Seiten, mit vielen Abbildungen, 16,95 €

Kleine Baumhäuser und Hütten

… kinderleicht gebaut. Hier wird gezeigt, wie Baum- und Stelzenhäuser gebaut werden können. Mit Anleitungen für verschiedene Konstruktionen und Bildern von realisierten Beispielen. Von David Stiles. 96 Seiten, mit vielen farbigen Abbildungen, 16,95 €

Holzbacköfen im Garten

Detaillierte Bauanleitungen vom einfachen Lehmofen bis zum gemauerten Brotbackhäuschen. Mit vielen Erfahrungen und Ratschlägen sowie pfiffigen Tipps und Rezepten. Herausgegeben von Claudia Lorenz-Ladener. 138 Seiten, mit vielen Abbildungen, 17,95 €

Gestalten mit Stein im Garten

Pflastern von Wegen, Terrassen und Zufahrten, Anlegen von Treppen und das Errichten von Mauern und Hangbefestigungen, mit Hinweisen zur Materialwahl, zu Aufwand und Kosten, und mit Anregungen für eigenes Schaffen. Von Peter Himmelhuber. 126 Seiten, mit vielen farbigen Abbildungen, 16,95 €

Naturkeller

Grundlagen der Kühllagerung und Anleitungen für Planung und Bau naturgekühlter Lagerräume im Haus und Freiland. Von Claudia Lorenz-Ladener. 140 Seiten, mit vielen Abbildungen, 19,90 €

Gestalten mit Holz im Garten

Bodenbeläge, Holzdecks, Zäune, Rankgerüste, Lauben. Bauanleitungen und Gestaltungsideen für Nützliches und Dekoratives aus Schnittholz und aus grünem Holz. Von Heidi Howcroft. 136 Seiten, mit vielen Abbildungen, 18,95 €

Einfache Lauben und Hütten selbst gebaut

Einfache Paradiese zum Selbstbauen. Bauanleitungen für schnell zu errichtende Behausungen (Tipi, Baumhaus, Kuppelbau, Hogan etc.), sowie für schöne Lauben für den Garten oder die freie Natur. Von Claudia Lorenz-Ladener. 160 Seiten, mit vielen farbigen Abbildungen, 16,95 €

Kleine grüne Archen

Passivsolare Gewächshäuser als Alternative zum transparenten Standard-Gewächshaus. Das Buch zeigt, wie Solargewächshäuser freistehend, angelehnt oder teilweise in der Erde versenkt auch selbst gebaut werden können. Von Claudia Lorenz-Ladener. 128 Seiten, mit vielen farbigen Abbildungen, 22,90 €

Mit Weiden bauen

Anleitungen für Zäune, Laubengänge, Wigwams, Sitzplätze und grüne Kuppeln. Arbeiten mit lebendem Material, aus dem sich viele schöne, nützliche Dinge herstellen lassen. Von Jon Warnes. 60 Seiten, mit vielen farbigen Abbildungen, 16,95 €

Färben mit Pflanzen

Färbepflanzen - Rezepte - Anwendung. Aufbereitung und Anwendung heimischer Färbepflanzen zum Färben von Wolle und Stoffen werden in zahlreichen Rezepten detailliert beschrieben. Von Dorit Berger. 96 Seiten, mit vielen farbigen Abbildungen, 16,95 €

Bauen mit Frischholz

Vom Spalier bis zur Laube – frisches grünes Holz ist ein ausgezeichnetes Material, um daraus nützliche Gartenobjekte herzustellen. Mit Schritt-für-Schritt-Anleitungen für Pflanzbehälter, Spaliere, Bänke, Lauben usw. Von Alan und Gill Bridgewater. 80 Seiten, mit vielen Abbildungen, 16,95 €

Essbare Wildpflanzen aus dem Hausgarten

150 Arten: Obst, Kräuter, Gemüse. Wie eine dauerhafte Pflanzenlandschaft aus fruchttragenden Bäumen und Sträuchern, wilden Stauden sowie Kräutern und essbaren Bodendeckern geschaffen werden kann. Mit mehr als 70 Pflanzenporträts essbarer Wildfrüchte, Wildkräuter und Wildgemüse und Tipps zu deren Verwertung. Von Marlies Ortner. 126 Seiten, mit vielen Abbildungen, 16,95 €

Bunte Körbe aus Gräsern und Kräutern

Die Technik des Korbwickelns neu entdeckt. Anleitungen zur Herstellung von bunten Körben durch Wickeln und Vernähen von Strängen aus heimischen Faserpflanzen. Mit vielen Schritt-für-Schritt-Anleitungen. Von Walter Friedl. 96 Seiten, mit vielen farbigen Abbildungen, 17,95 €

Hauserneuerung

Instandsetzen - Modernisieren - Energiesparen - Umbauen: mit Anleitung zur Selbsthilfe. Das Buch beschreibt ausführlich den behutsamen, handwerklich sachgerechten und umweltverträglichen Umgang mit alter Bausubstanz. Von G. Haefele, W. Oed und L. Sabel. 256 Seiten, mit vielen Abbildungen, 28,90 €

Vom Altbau zum Effizienzhaus

Energietechnische Gebäudesanierung in der Praxis: Nachträgliche Wärmedämmung der Gebäudehülle, Fenstererneuerung, sowie Sanierung der Haustechnik einschließlich Lüftung, Heizung, Sanitär und Elektro. Hrsg. von Ingo Gabriel und Heinz Ladener. 200 Seiten, mit vielen farbigen Abbildungen, 28,90 €

Praxis: Holzfassaden

Material, Planung, Ausführung. Das Buch zeigt nicht nur die gestalterischen Möglichkeiten moderner Holzfassaden, sondern stellt zahlreiche vorbildliche Beispiele und Detaillösungen mit Ecken, Sockel, Dach- und Fensteranschlüssen vor. Von Ingo Gabriel. 112 Seiten, mit vielen farbigen Abbildungen, 28,- €

Handbuch Lehmbau

Umfassendes Lehrbuch und Nachschlagewerk: Es zeigt Einsatzmöglichkeiten, Eigenschaften und Verarbeitungstechniken des Baustoffes Lehm. Mit Forschungsergebnissen und Beschreibungen ausgeführter Lehmhäuser. Von Gernot Minke. 222 Seiten, mit vielen Abbildungen, 38,- €

Neues Bauen mit Stroh in Europa

Bauen mit großformatigen Quadern aus gepresstem Stroh: gebaute Beispiele, erprobte Bauformen und Konstruktionen, Besonderheiten, neue Projekte und Forschungen. Von H. u. A. Gruber u. H. Santler. 112 Seiten, mit vielen Abbildungen, 16,95 €

Handbuch Strohballenbau

Ein Konstruktions-Handbuch, das Konzeption, Bautechnik und alle Details beschreibt, um aus Strohballen gut gedämmte, dauerhafte Häuser zu bauen. Mit vielen Konstruktionsdetails und Beispielen. Von Gernot Minke und Benjamin Krick. 152 Seiten, mit vielen farbigen Abbildungen, 29,90 €

Haus der Zukunft

Ein Drittel aller Treibhausgase entsteht (noch) bei uns Zuhause. Das Buch möchte motivieren und zeigen, wie unser Zuhause in 20 bis 40 Jahren aussehen könnte und welche Wege dorthin führen. Von Simon Grieger. 196 Seiten, mit vielen farbigen Abbildungen, 24,90 €

Regenwasser für Garten und Haus

Ein kompetenter Ratgeber für Planung und Bau von Regenwassersammelanlagen nach dem Stand der Technik: Bemessung, Genehmigung, Speichertanks, Pumpen, Rohrleitungen, Zubehör. Von Karlheinz Böse. 96 Seiten, mit vielen Abbildungen, 16,95 €

Autonome Stromversorgung

Auslegung, Aufbau und Praxis autonomer Stromversorgungsanlagen mit Batteriespeicher für Beleuchtung und für netzferne Handwerks- u. Landwirtschaftsbetriebe. Von Philipp Brückmann und Georg Bopp. 126 Seiten, mit vielen Abbildungen, 22,90 €

Unsere Bücher erhalten Sie in allen Buchhandlungen.
www.oekobuch.de · E-Mail: verlag@oekobuch.de